JN108167

大学評価学会年報『現代社会と大学評価』第17号

大学教育とコロナ危機

編　集：大学評価学会年報編集委員会

発　行：大学評価学会

発　売：晃 洋 書 房

目　次

コロナ危機と大学評価の視点

光本　滋（北海道大学）

はじめに

　本日は大変貴重な機会をいただきました。冒頭に簡単に自己紹介的なことを申し上げます。

　一昨年、『歴史のなかの東大闘争―得たもの、残されたこと』という図書を出版しました。1968年・1969年の東大闘争に関する一定の総括であります。私は、そのときの学生の世代の方々とは20歳ぐらい年齢が違いまして、まったく当時のことは知る由もないんですけれども、私が学生時代を過ごした1990年代の大学においても、この時代の遺産がいろいろなかたちで残っていたんだなということをあらためて感じました。

　ここで、当時の東大で大部の改革案がつくられておりまして、私はその内容について整理し、戦後の大学改革史の中に位置付けて意義を論じました。その作業に取り組んで一つ思ったのは、大学闘争、紛争と言われるものにはいろいろな原因があったと言われているんですが、やはり当時の学生・院生が非常に抑圧されていたということが大きな問題だったということです。そして、この問題の解決と大学改革をつなげて追求していこうと当時の東大執行部は真剣に考えていたことがあらためて分かりました。

　振り返ってみますと、昨年から続いているコロナ危機の中で問われている問題は、もちろん当時の大学といまの大学、かなり状況が変わってきていますけれども、かなり似ている面もあるのではないかと思うようになりました。今日の報告でも、そういった事柄も考えさせていきたいと思っております。

どうぞよろしくお願いいたします。

Ⅰ．オンライン授業の光と影

1．オンライン授業に対する「評価」

それでは内容に移らせてもらいます。まずオンライン授業が学生に与えた影響、あるいは大学教育にどんなインパクトをもたらしたのかということについて。

これは、参加されている皆さまの大学でも経験され、また総括的な議論や調査もされつつあるのではないかと思いますので、詳細に繰り返す必要はないかもしれませんが、簡単に経緯を振り返っておきたいと思います。

まず昨年6月、緊急事態宣言が全国的に解除される直前に文科省が行った調査の結果があります。その段階では全面対面、つまりオンライン授業を一切やっていない大学は10％にも満たなかったわけです。残りの90％以上の大学では、授業は対面とオンラインの併用、またはオンラインのみでした。そして、オンライン授業をやっている大学におけるオンラインの割合は6割を超えていました。

後に朝日新聞社と河合塾が行なった共同調査の結果では、対面とオンラインを併用している大学の中でも、併用の割合を見てみますと80％から99％で圧倒的にオンラインの比率が高い大学が、やはりかなりの割合になっています。7割の大学が授業の8割以上をオンラインで実施していた。このように、日本の大学の相当数の授業がオンライン化されたわけです。

このことが何をもたらしたか、またどう評価されるのかということでありますが、いろいろな角度から調査が行われ、また評価もされてきております。

私が気になっていますのは、オンライン授業のメリット・デメリットということをよく言われるんですけれども、対面授業との比較でメリット・デメリットを論じられることが多い。導入の趣旨と離れて、授業の形態としていいかどうかという話が多いように思います。

そういった観点からの評価も必要ですけれども、そもそも、授業のオンライン化を図ったのは感染防止対策だったわけですから、まずは感染防止対策と

してオンライン授業が果たした役割を正当に評価しなければいけません。ところが、そういう話ではなく、大学の授業に今後どのようにオンラインを取り入れていくべきかということに軸が移っているような気がします。そこに違和感を感じます。

オンライン授業には、対面授業にないさまざまなメリットがあります。抽象的に言うと、空間的な制約がまったくないとは言いませんが、比較的緩やかです。それに伴って移動も少なくて済む。学生の評価はこれが一番多いようですね。通学しなくていいというのが、アンケートをやると必ず上位に来ます。裏返してみると、日本の学生の通学時間がいかに長いか、通学の環境がいかに劣悪かということを示しているのだと思います。

時間的な制約に関しては、特にオンデマンドの場合は、それが非常に小さくなる。もちろんこれもゼロではありませんけれども、かなり自由に、それぞれの好きな時間に受講することが可能になりますので、こういった面を生かしていくことも必要だと思います。

キャンパスに通う条件がさまざまな理由で厳しい、経済的な理由、居住地が非常に遠い、あるいは肉体的な事情で通学が困難だという方がいます。また、精神的な面で対面授業がきついという人にとってもオンライン授業が、教育を受ける権利の保障につながっていることは間違いありません。そういった観点からオンライン授業のメリットを生かしていくことは必要だと思います。

しかしながらメリットばかりではないことも、ご承知の通りです。オンライン授業だから必然的にそうなるわけではないと思うのですが、特に去年以降、問題化したことの一つは、課題がとても多くなるということでした。

後ほど述べますが、文科省が2020年3月以降に発した通知の中に「授業の進捗状況を確認するように」というのがあって、それが課題の提出につながっているわけです。これはオンライン授業だからということと本来結び付くことではないんですが、実態としてはオンライン授業において課題が多くなっているという問題があります。

2．アンケート調査の意義と課題

多くの調査などを通じて知られていることは、オンライン授業の評価が分

かれているというです。これは一つのポイントだろうと思います。

　いろいろな調査が大学などで行なわれており、私ももちろん全部を見ることはできていませんが、この間数十の調査を見てきました。その中には、ほとんどの学生がオンライン授業を望むとか、ほとんどが対面授業を望むというふうに、回答が一方に偏っているものは見当たりませんでした。半々くらいに分かれているものが多くて、その辺が今後の大学教育をどうしていくかという面での、判断の難しさにもつながっているのかもしれません。

　オンライン授業が長期化したことによって大きな問題・弊害が起きているということは、よく認識されるようになりました。

　午前中の自由研究発表の中にもありましたけれども、秋田大学の調査が昨年8月に新聞で報道され、注目されました。直接診断したわけではありませんから、診断ができるわけではありませんけれども、うつと判断される可能性がある症状を示す学生の回答が多かった、1割以上の学生がそういう状態に陥っているということが報告されたわけです。

　同様の学生の心身に対する大きな問題が起きつつあるということは、同時期に行われている九州大学や立命館大学など、他大学の調査にも出ています。こういった認識が広がってきたのは、オンライン授業が継続して数カ月経たころの状態でした。

　これはオンライン授業の問題だという面はありますけれども、オンライン授業の導入の目的は、学生をキャンパスに立ち入らせないことですので、キャンパスに入れなかったことの問題でもあります。そのために学生同士交流することもできず、1年生は特に友人をつくることもできず、非常に苦しい日々が続くことになりました。そういったことをもたらしたということで、オンライン授業が、ややややり玉に挙がってきたわけです。

　いろいろ調べていたところ、かなり早い時期に調査している例として、これも新聞報道で知ったのですが、京都ノートルダム女子大学が行った調査が私が見た中では最も早いものでした。

　ノートルダム女子大は4月28日からアンケート調査をやっています（2020年4月28日〜5月3日、オンラインでアンケート調査を実施。回答数は学部

生695名（在学生の53.1％））。北海道大学では、当時はまだ１学期が始まっていなかったので、こんな時期にもうアンケートまでやっていたんだと驚きました。連休に入ったころ、すでに２週間ほど行なったオンライン授業についてのアンケート調査をやっています。

　この京都ノートルダム女子大の調査は大変よいものだと思いました。それは時期が早かっただけではなく、調査項目がよく考えられているからです。

表1　京都ノートルダム女子大学教務委員会「オンライン授業に関するアンケート（学生）」質問項目

> ・オンライン授業の全体としての「満足度」（5段階）
> ・オンライン授業の全体としての「理解度」（5段階）
> ・現在利用可能な媒体（複数回答）
> ・オンライン授業でどの媒体を利用しているか（複数回答）
> ・オンライン授業の通信環境
> ・現在のオンライン授業の通信状態
> ・受講しているオンライン授業の形式（複数回答）
> ・オンライン授業における課題や振り返りの提示の有無
> ・オンライン授業における課題に対する教員からのフィードバックの有無
> ・オンライン授業で困っていること（複数回答）
> ・オンライン授業で良かったと思うこと（複数回答）
> ・オンライン授業で楽しめていること（自由記述）
> ・オンライン授業について不安に感じていること（自由記述）
> ・これまで受けていた「対面授業」と比較して、良かったと思うこと（2〜4年生。
> 　自由記述）

京都ノートルダム女子大学教務委員会「オンライン授業に関するアンケート（学生）結果概要報告より光本が作成

　質問項目は過不足なくあります。また重要なこととして、１年生と２年生以上を分けて回答を集計しています。こうすると１年生に固有の問題がはっきり出ます。このことをきちんと把握しようとしているところが特徴です。

　この４月段階の調査において、１年生は、コンピューターの操作に慣れていない、勉強のペースがつかみにくいなどという悩みを持っている者が多い。それに対して、上級生は課題が多いと答えたものが比較的多いのですけれども、１年生の方はかなり少ない（図１）。

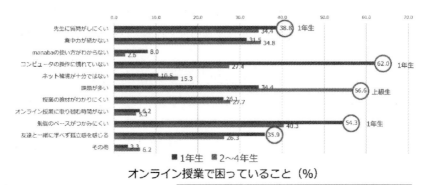

図1　オンライン授業で困っていること（複数選択）
京都ノートルダム女子大学教務委員会「オンライン授業に関するアンケート（学生）結果概要報告

　授業によって課題の量も違いますから、何が原因か言い切ることはできないと思いますが、1年生は大学の授業が初めてですので、多いか少ないかと言われても比較対象がない。ところが上級生は昨年まで受けていた授業と比較して「多い」と回答しているのだろうと推測されます。

　ノートルダム女子大はこの後、対面授業を再開し、7月にまた調査を行っています。この2点間の比較ができますし、それから7月の段階になりますと対面授業が再開されていますので、今度はオンライン授業に対する評価だけではなくて対面授業との比較、それから対面授業の方の問題は何かということも明らかにしようとしています。このあたりが優れていると思いました。

　この7月調査で先ほどの問題について見ると、7月になると1年生でも8割の学生が「課題が多い」と答えており、上級生ときれいに数字が一致しています。対面授業が始まると、1年生もだいたい同じ考えになってきたことがうかがえるわけです（図2）。

　この時期になると、1年生が孤立感を強めているということが明らかにな

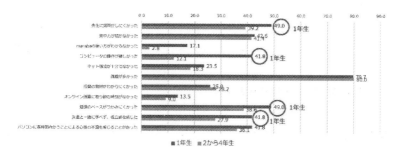

オンライン授業で困ったこと（%）

いずれも「課題の多さ」を挙げるものが約8割で最も多かった。全体に1年生の方が「困ったこと」の選択率が高く、特に友達と一緒に学べないことの孤立感、先生への質問のしにくさについて、上級生との差が顕著にみられた。

図2　オンライン授業で困ったこと（複数選択）
京都ノートルダム女子大学教務委員会「2020年7月実施　オンライン授業に関するアンケート（学生）」結果概要報告

　ってきます。このことは調査結果をまとめましたノートルダム女子大の教務委員会も意識しており、大学がこの課題にどういうふうに向き合うかが重要であるというようなことを述べています。

　こうした調査はその後、続々と行われるようになり、オンラインで読めるものもたくさんあります。これまでも大学は授業アンケート調査を毎年のように行い報告書をつくってきましたが、授業に対する学生の評価の結果を外部に公表することは少なかったと思います。授業全体の満足度とか課題についての報告が、いろいろな大学のものが見られるようになったのは貴重なことだと思います。

　それは、他大学のアンケートの調査の方法や質問項目から学ぶことができるからです。調査結果から何を課題とし、どのようなとりくみにつなげてきたか。本学会でも議論されてきた改善のための評価、あるいは、改善のための評価の実践と言ってよいかもしれません。そういったものがオンライン授業に対する調査というかたちでたくさん行われ、結果が公表されたことは、昨

年の大学界の重要なできごとでした。

　ですので、せっかく行った評価の実践をぜひやりっ放しにしないで、そのことの意義は何だったのかということも確認していく必要があります。そういったことを明らかにしていくことは、本学会にも求められるだろうと思います。

Ⅱ．大学のとりくみとガバナンス

　各大学は、調査を含めていろいろなことにとりくんできたわけです。その取り組み方がどうだったかということです。その面での総括というのが同時に必要になってきます。これはなかなか難しくて、取り組みがどんなものであったかは把握するのが難しいです。それからその取り組みがどうであったかを、学生や教職員がどう評価しているかということに関しては、調査結果も少ないです。

　オンライン授業は例外的に調査されているものだと思いますけれど、その他のことも含めて総括はまだ十分されていないように思います。こういったものを進めていくことは今後の課題だろうと思います。それでも幾つかの大学は総括をしていますし、私も見聞きすることがあります。

　ここでは、私が直接知り得る、一番よく分かる自分の大学と、それから同じ札幌にある北星学園大学、この二つの大学を事例的に取り上げまして、取り組みがそれぞれどうであったかということと、その中で起きた問題をどう考えるかということを検討していきたいと思います。

1．北海道大学

　最初は北海道大学です。大学の紹介は省かせてもらいます。北大は4月16日にBCP（Business Continuity Plan）というものを定めました。学内では日本語で「行動指針」と呼んでいますけれども、直訳すると「事業継続計画」です。私はそれまで、こういうものがあることを知らなかったのですが、このコロナでかなりつくった大学も多かったようですけれども、以前から結構多くの大学が定めていたようです。

　BCPを幾つかのレベルに分け、災害等、通常とは異なる事態が発生したときに、状況に合わせて組織の活動のうち何をやめ何を残すかなど規制の基準

を示すというのが基本的な考え方だと思います。北大もそういうかたちになっておりまして、元のものは細かくて分かりにくいですので、つくり直したものがこれです。

表2　新型コロナウイルス感染拡大防止のための北海道大学の行動指針（BCP）

制限レベル	判断基準	研究	授業	課外活動
解除	通常	通常	通常	通常
1：制限（小）	地域に感染者が確認され、在宅勤務を要する者がいる場合	感染拡大に最大限配慮して実施可能	感染拡大防止措置を行い対面で実施。オンライン授業の積極的利用	感染拡大防止に最大限配慮して実施
2：制限（中）	知事から自宅待機等が要請されている場合、あるいは本学関係者が罹患し必要と認める場合	研究を維持するために必要最小限度の研究スタッフの短時間立ち入りを許可	オンライン授業を中心に実施。一部の演習等は感染拡大防止措置を行い対面で実施	禁止（オンラインのみ）
3：制限（大）	特措法に基づく緊急事態宣言が発出され、外出自粛制限等が要請されている場合	特定の条件を満たした研究スタッフのみ短時間立ち入り許可	オンライン授業のみ実施	禁止（オンラインのみ）
4：制限（最大）	大学を閉鎖せざるを得ない場合	機材・資料の保守等に限定	全面休講	禁止（オンラインのみ）

「新型コロナウイルス感染拡大防止のための北海道大学の行動指針（BCP）」（2021年1月15日時点のもの）を、清水池義治（北海道大学大学院農学研究院）の資料を参考に、光本が簡略化したもの

　制限「ゼロ」、何もしていない通常の段階も入れると5段階ありまして、1段階目は「緩やかな制限」。2段階目になると課外活動が禁止されます。3段階目になると授業が全部オンライン化されます。他にも、テレワークや研究室への立ち入りなどいろいろあるんですけれども、大きいのは課外活動の禁止と対面授業の取りやめです。これら二つは特に学生に対する影響という点で大きな意味を持つわけですが、この制限の変更が昨年何回か行われました。
　北大でBCPがつくられたのが2020年4月16日。そのとき制限レベルは「2」でスタートしました。ところが、そのわずか3日後、非常に短い期間のうちにレベルが「3」に引き上げられた。しかもこのときは、レベルの引

上げが決まると即日実施でした。いきなり図書館が閉鎖されたり、明日から
オンライン授業のみですよと言い渡されたりしたので、学内がかなり混乱し
た時期がありました。

　その後、緊急事態宣言中はレベル３が続きました。緊急事態宣言が解除さ
れた後しばらくしてからレベル２に戻り、それからさらにレベル１に下がっ
たんですけれども、昨年秋に感染が拡大すると再びレベル２に引き上げられ
て、今日（2021年３月６日）までレベル２が続いています。

　行動指針の規制レベルの上げ下げの決定にはいくつか問題があります。最
終的に全学的な方針を決めるのは当然ですけれども、その際、北海道が設定
している「警戒レベル」が上がると北大も上がるとか、当初の決め方は外部
の基準に依存しており、大学独自の判断がなかったように思われます。

　緊急事態宣言解除以降、今度は大学独自の判断が入るようになりました。
しかしながら、大学独自の判断といっても、これもなかなか難しい。

　例えば、北大では、１年生だけは学部の所属ではなくて全学教育という独
自の体制で授業を行っています。そして、１年生は毎年英語の統一試験を受
けることになっています。この統一試験とはTOEICです。統一試験は札幌
の会場で受験するもので、全面的にオンライン授業を行なうという方針だと
できません。そこで、TOEICの会場で学生を受験させるために行動指針の制
限レベルを下げたのです。

　ところが学生の中には、感染に非常に強い不安を抱いている者もいました。
また、入学以来オンライン授業が続いていたため札幌を離れていた学生も相
当数いました。ところが２週間の間に札幌に来なければ統一試験が受けられ
ないということが大学側から言い渡されました。このことに対して、学生か
らは強い反発がありました。

　規制レベルの決定と学生への伝達が適切であったかということと、オンラ
イン授業の長期化や膨大な課題に苦しめられていたことなどが積み重なって、
大学が行ったアンケートにおいて、学生の不満・批判が爆発しました。

　全学的に１年生を対象にしたアンケート調査が行われたのは７月でした。
2600人余りの１年生に対してアンケートを行ったところ、回答率が70％近く、

回答数1830人という、たぶん全国で行われた大学単位の調査の中ではトップクラスの数ではないかと思うんですが、こういった結果になりました。そして、さまざまな問題がそこで浮き彫りになったわけです。

国立情報学研究所が、教育機関DX（デジタルトランスフォーメーション）シンポジウムをすでに30回ほどやっています。ここで北海道大学から報告された際の報告資料からの抜粋です。北大には、ラーニングサポートセンターという、学生の授業に関する相談を大学院生が聞き、学習のアドバイスをする機関があります。アンケート調査の主体はラーニングサポートセンターでしたので、そこの方が分析しているんですけれども、授業で出される課題が果たして多いといえるかなどを検討しています。

ここでは、課題が量的に増えたと言えるかはわからず、学生が孤立化したために負担感を強めたのだろうという総括になっています。一方、授業や北大の全学教育の運営に関する問題は捉えていません。そのため、結果を2学期にどうフィードバックしていくかということが述べられているんですけれども、どのようにフィードバックすべきかははっきりしません。

ラーニングサポートセンターは全学教育の運営に責任を持つ組織ではありませんので、考察や分析の範囲が限定的になることは致し方ありません。本来、これは全学教育に責任を持つ教務委員会が行なうべきものです。

ある1年生から聞いた話です。2学期から対面授業が始まることになり、教員はシラバスに対面授業を実施するかを書くことになっていました。ところが、対面授業も含めて、履修人数が確定するまでの2週間程度はすべての授業をオンラインでやることになっていまして、学生の話では、対面授業の予定であった科目でも、「もうオンラインでいいわね」と言われて、そのままオンライン授業になってしまった例があるということでした。その学生は、1学期は本当に苦労しており、対面授業の再開を楽しみにしていたのが裏切られたということで失望感を抱いて、「心が折れた」というようなことを言っていました。「PCの画面を見るだけでも吐き気がする」とも。

そんなことがあったので、大学が学生の状況だけでなく要求を把握し、授業等の実施にフィードバックしているか大変気になっています。

　ラーニングサポートセンターのアンケート調査に戻ります。アンケート調査の自由記述には実多くの回答がありました。もちろん、「特にありません」とか、短文の素っ気ないものもたくさんあります。同時に、何百字もの長文のものが少なくありませんでした。オンライン授業の課題提出で疲れ切っているにもかかわらず、多くの学生が長文の記述をしたのは、非常に大きな不満があることと、それを吐露する場がほとんどないせいだったように思われました。

　ある学生の記述の一部です。「課題が多いので、文化的な生活が全く送れていません。ほぼ毎日徹夜です。課題がまるでわんこそばのように来るので、ただ課題を処理するだけの、あまり知識として身になるようなことのない2ヶ月でした。学生は課題処理マシーンではありません」。「憲法」の条文を意識したような表現はこの上ない皮肉です。同時に、わんこそばの例えからは、ユーモアを交えることで少しでも楽しい気分になりたいという願いのようなものを私は感じました。

　重要だと思ったのは、大学の教育制度に関する批判だと読み取れるものが幾つかあったことです。単なる不平不満で終わるのではなくて、どこにどういう問題があるのか、学生は気づいているいるようです。

　北大には、独自の全学教育とともに、1年生から2年生への進級の際に成績で振り分ける制度があります。このため、定員が多い自然科学系では、人気の学科に入るために熾烈な成績競争が行われることになります。この制度自体、私は問題であるように思うんですが、それは置くとしても、成績で振り分けることから、授業中に出され課題について「他の学生と相談してはいけない」と言う教員もいるようで、そのせいで、ただでも孤立しているのにさらに苦しんでいるというような記述もありました。そんな指示には従わなくてもよいのにと私は思うんですけれども、これはその教師の問題ではなく、結局北大の競争的な教育制度ゆえの問題であろうと指摘している学生もいました。

　こうした学生の指摘からは、教育制度に問題がないか検討し、場合によっては変えていく必要があることが課題として浮かび上がってきます。そこま

では書いている学生はいませんでしたが、教員同士の連携が取れていないという、これも耳の痛い指摘をしていた学生もいました。学生同士で議論してもらえば、教育上の問題を把握し、改善の提案をするところまでは行くのではないでしょうか。

　ある学生は、「私たちは単位をとることや、学歴のために大学に来ているのではなく、自分の学びたいこと、学ぶべきこと、自分一人ではできないことを学ぶために大学に来ている」と書いています。これは本当にまっとうな、学生の要求の表明だと思いました。

２．北星学園大学

　北星学園は、札幌市内にある中規模の、その中でも小さい方の私立大学です。やはり全学的な対応の「ステージ」をつくって上げ下げしているのですが、その運用は北大とは大きく異なります。

　北大は全学の基準をつくっているんですけれども、実はかなりのことが部局毎に決められるようになっています。そのため、各学部の教育はそれなりにそれでやっていけるんですけれども、１年生の全学教育だけは、学部別ではなく、全分野がミックスされていますので、そこで一律にオンライン授業が行われたり、札幌に呼び戻されたりということが起きてしまったわけです。

　一方、北星学園の方は開講時に、まずオリエンテーションを非常に丁寧に行っていました。その話を私は、2020年12月に札幌で行なわれたシンポジウムで、学長の大坊郁夫先生からお聞きしました。そして、全国的にはこの間優れた取り組みをしている大学が幾つかありますが、北星学園はそこに名を連ねてよい大学だろうと思いました。

　先ほどのものと同じ国立情報学研究所が行ったシンポジウムで、北星大の方が報告されたときの資料からの抜粋です。遠隔授業のサポートも専門的な方を加えてチームをつくって手厚いサポートが行われています。スムーズにオンライン授業を実施できるように教員に対するサポート、それから学生に対しては丁寧なガイダンスが行われてきたようです。

　課外活動に関しても各サークルや部のリーダーを集めて説明をしたり、学生の要望を聞いたりというようなことも行っていたようです。これらの取り

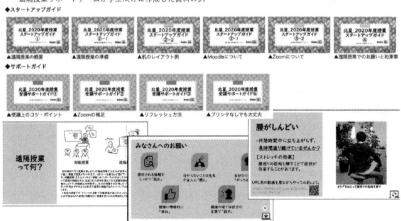

金子大輔「北星学園大学における非対面授業の実施とその支援」国立情報学研究所「教育機関DXシンポ」2020年8月14日資料より抜粋

組みにおいて学生に丁寧に対応していることがわかります。

　大学の規模など条件の違いもありますので、一概に北大が全て悪かったということではありませんが、北星の学生に対して丁寧に説明してきた点は優れていたと思います。

　ただし、これほどやっている北星でも、学生にアンケートを採りますとやはり不満の声は出てきます。これはもう仕方がないと言うしかないのかもしれませんが、やはり課題が多いことは学生から不満の声が上がっています。

　学生の要求には、もちろん個別的に対応しなければいけないものもあるわけですけれども、個別的な要求を聞くだけではなくて、そこで共通に解決しなければいけない問題とか、個別的な学生の要求の中から、さらに学生全体にとって学生全体の要求というんでしょうか、あるいはそれを権利と言い換えてもいいかもしれませんけれども、学生に保障すべきものは何なのかということを明らかにしていくことが大切だと思われます。

　北星は、それを大学がかなり丁寧に行っていったわけです。教職員のとり

くみは素晴しいと思います。ここに学生同士がそういったものをつくり上げていくプロセスが加わると、よりそれが強固なものになるのではないかと思われました。

北大の先ほどの学生の声も散発的な不満に終わっていまして、窓口で文句を言った学生はいたみたいですけれども、事務の方や教員との関係が険悪になっただけで終わってしまい、いわゆるノイジー・マイノリティーのような扱いを受けてしまったようです。

私は今年度たまたまクラス担任でしたので、学生の声を聞く機会が多くありました。そこでは、学生の言い分はまっとうだと思うことが多くありました。それが大学側に取り上げられないのはなぜか。それが個別的な声で終わらない要求を含んでいるんだということを示せれば、大学もきちんと取り上げることができるはずなんですが、残念ながらいま、学生にそういった組織がないものですから、それで終わってしまっているわけですね。そういった課題が明確になっているように思いました。

Ⅲ．大学のガバナンス問題と大学評価の視点
1．条件整備なき対面授業再開

「大学のガバナンス問題と大学評価の視点」ということで、この間の各大学の経験などを通じて浮かび上がってきた問題についてまとめていきたいと思います。

条件整備が伴っていないことは大きな問題だと思います。緊急事態宣言解除以降、特に9月以降、政府は対面授業の再開に大きくかじを切っていきました。背景には、幾つか紹介しましたように、学生の困難が明らかになってきた。有名になったTwitterの漫画（makiさん＠D6Hy1q0FQJuxtPO　2020年7月17日のツイート）など、こういった事態をなんとかしなければいけないということを、これは大学に限らず多くの社会の人たちが考えたわけです。

ところが、その対応の仕方に大きな問題があったわけです。学生のこういった声に対して大学が十分に応え切れず、対面授業再開を求める学生と、それからオンラインの継続ないしは感染症防止策を重視する大学との、対立構

造みたいなものが生まれてしまった。

　なぜ対立構造に陥ったかと言うと、学生の要求を取り上げる場の不在というような問題を先ほど指摘しましたけれども、もう一つの問題としてやはり条件整備が伴っていない。つまり対面授業をやりたくても、大規模大学だと密になることは避けられませんし、それから換気等の設備も整っていないという大学が多いわけです。

　それは直ちに改善できるわけではありませんけれども、個別の大学では改善できない課題があるんだということをきちんと自覚して、それをむしろ全大学に保障すべきスタンダードとして、例えば大学設置基準の施設の基準に盛り込むことも必要かもしれません。それから大学の設置は、学校法人単体では措置できないようなものに対しては財政措置を求めるとか、いろいろな取り組みが必要だろうと思います。そういった取り組みが必要なわけです。

　本来ならば授業再開を求める学生と大学側は協力できるはずだったのですが、それができていなかったために、こういった取り組みも進んでいないのではないでしょうか。条件整備が課題だということを双方の認識にしていく必要があるだろうと思います。

２．大学の主体的判断を妨げる行政指導

　そして、大学が主体的に判断していればまだよいのですけれども、大学の判断を妨げるさまざまな行政指導の問題もありました。途中で申し上げましたように、文科省が３月から４月にかけて行った通知には大きな問題がありました。

　通知の中で、オンライン授業を緊急に実施するために、大学設置基準上の単位数の制限を外すということが行なわれました。それ自体は必要な措置だったとは思いますけれども、同時に「対面授業と同等の効果が求められる」という言い方がされました。理想としてはわからなくはないですが、オンライン授業と対面授業が同等になることは、現在の技術では不可能です。

　そして、通知で言われている「同等の効果」を確保する手段が大きな問題をはらんでいました。特に、オンデマンドの授業に関して言われた「確認的な課題の提出など」。「など」が付いていて、あくまでも例示にすぎないんで

すが、こういった文言が大学側では強く受け止められて、必ず課題を出さなければならないかのような指導が行われた例もあるようです。

また、2020年7月～12月、総務省が東海地方4県（静岡県・愛知県・岐阜県・三重県）の国立大学8校（静岡大学・浜松医科大学・豊橋技術科学大学・愛知教育大学・愛知工業大学・名古屋大学・岐阜大学・三重大学）に対して「大学で遠隔授業を有効かつ円滑に実施する方策」などに関する行政評価を実施しました。そして、結果を12月にまとめ、公表しています（総務省中部管区行政評価局「緊急時における大学の遠隔授業の実施に関する調査結果に基づく通知」2020年12月11日）。

この中で、「全ての大学の前期及び後期の授業について、教員の質疑応答等による十分な指導や学生との意見交換などが授業終了後速やかに行うことが求められているにもかかわらず、その内容が不明となっているオンデマンド型の遠隔授業、及び、授業の内容、成績評価の方法・基準等の実施方法が不明となっているなど教育効果を担保する措置が行われていない授業がみられた」（33頁）と指摘しています。「求められている」というのが文科省の通知を指すわけですけれども、ここでは「例示」に過ぎなかった内容がやるべきものにされてしまっています。行政監察の名を借りた大学に対する事実上の強制です。こういう扱いは大きな問題です。

行政指導の内容を吟味することなく鵜呑みにしてしまう大学側にも問題があると言わなければいけないわけですが、それでは自主的な判断を行うために何が必要かというと、誰の要求に即して問題を考えていくべきかという視点だろうと思います。

3．学生の権利の視点

そこで強調したいのは、学生の権利の視点ということです。「学生の権利とは何か」は、1960年代の大学闘争を契機としてかなり議論された時期もあったわけですが、その後、今日まで必ずしも深められていないように思います。さらに、大学自体も変化しています。そこで、学生の権利が何なのかということをあらためて考えなければならないと思います。

こうしたこと端的に示したのは、昨年勃発した学費の減額・返還運動でし

た。この運動の中では、学生の要求の練り上げが行われました。最初、学生
たちは、授業の質が下がったからお金を返せとか言っていたんですけれども、
そういった捉え方にとどまらず、大学の学費の根拠は何なのか、そして統一
的に要求すべきことは何なのかというふうに議論を発展させています。

　このプロセスは、まさに学生が自身の権利についての認識を深めていく過
程として評価し得るのではないでしょうか。2020年の学費返還運動は、まだ
終わっていないと思いますけれども、こうした観点からこの運動の意味を捉
える必要があります。大学もそういったものとして考えていく必要があるの
ではないかと思います。

　最後に、立命館大学の蒲生諒太氏が行った調査の中に、他とは異質な自由
記述があったということで紹介されていた記述が、私はとても面白い指摘だ
と思いました。少し長くなりますが、引用します。

　「コロナ問題をめぐり、大学教育あるいは大学生の地位が非常に軽視され
ていることが浮き彫りとなり、それに対する危機感を抱いた。なぜ大学生の
みがオンライン教育主体となるのか？なぜ罹患した際に大学生のみが所属先
まで特定されるのか？これらは、大学生が「規制しなければ手に負えない」
といった一般イメージの裏返しであり、極端にいえば、大学、というより大
学学部生が、社会の中で想像以上に周縁的なポジションにあることを痛感さ
せられた。各大学機関はもとよりマスコミや文科省を含めて「大学教育とは
どうあるべきか」ということについて、再議論と再構築を行うべきであると
考えている。」（蒲生諒太「コロナ禍における大学教員 ―全国大学教員アン
ケート調査―」2021年2月16日、24頁）

　「学生は手に負えない存在」だというイメージが社会の中にあり、大学が
そうしたイメージに押されている、さらに大学も学生をそういうものとして
見てしまっているのではないかと指摘しているわけです。ここでも、先ほど
述べた学生の権利をどう捉えるかということが重要なのではないかと思いま
す。

　こうした観点が、大学評価として今後深めていかなければいけない問題と

して浮かび上がってきたのが、コロナ危機の示したものだろうと思います。

　以上でございます。ありがとうございました。

COVID-19感染症と大学における感染症対策
その実情・課題

村山琮明（国立感染症研究所真菌部、前 日本大学・薬学部・病原微生物学研究室）

小山由美（日本大学・薬学部・薬学教育研究センター）

はじめに

　本稿は2021年3月6日の大学評価学会第18回全国大会、大会シンポジウムの記録原稿として、2021年4月に記載した。講演は第2回目の緊急事態宣言の最中であり、原稿記載は第3回目の緊急事態宣言の最中であった。そのため講演内容に沿ってはいるが、状況の変化やその後の論文発表によって変更した部分もある。また講演内では時間の関係で話せなかったことなどを付加している。また、すべてのデーターを引用するわけにはいかないので、詳細は参考論文をあたっていただきたい。

　今回の話の目的は、Coronavirus infectious disease 19（COVID-19）およびCOVID-19の原因ウイルスであるsevere acute respiratory syndrome coronavirus 2（SARS-CoV-2）について、既報論文からデーターを参照して現状を解析しその性質を把握した上で、一般的対策および大学としての対策を科学的な根拠に基づいて述べ、さらに問題点・課題を考察することである。以下に今回の内容項目を記した。興味のある項目を一つでも、読んでいただければ幸いである。

Ⅰ．SARS-CoV-2およびCOVID-19の基礎

1．SARS-CoV-2ウイルスの特徴

　ウイルスは、学問的には無生物として取り扱われる。生細胞の中でしか増殖をしない。自前でエネルギーを産生できない、種々の代謝経路がない、自己複製ができないなどの特徴がある。大きさは直径0.1 μm（10^{-6} m）程度、細菌はその10倍、1 μm程度、そしてヒトの細胞の平均はウイルスの200倍、20 μmである。

　コロナウイルスのコロナは王冠を意味し、コロナウイルスのスパイクの形状から名付けられた。約1万年前に発生したと言われている[1]。SARS-CoV-2は、新しくみつかった7番目のコロナウイルスである。4つは冬期に流行する風邪症候群のウイルスであり、通常はウイルスの同定もせず、治療薬もない。近年流行した3つのコロナウイルスは劇症を起こす。2002年に中国広東省で発生した重症急性呼吸器症候群コロナウイルス（SARS-CoV）、2012年にサウジアラビアで発生した中東呼吸器症候群コロナウイルス（MERS-CoV）、そして2019年12月中国湖北省武漢で発生したSARS-CoV-2と続く。SARS-CoVは、2003年に流行し、あっという間になくなった。このウイルス

に対するワクチンは疾患がなくなってしまったので、開発はされていたが、認可はされていない。この開発中のワクチンの一部はワクチンを接種したことにより、抗体依存性感染増強（Antibody-Dependent Enhancement：ADE）を起こし、かえって劇症化させることが報告されている[2]。MERSは2012年に感染が確認され、中東で流行が今でも続いているが、死亡率35％の劇症型感染症である[3]。オオコウモリが自然宿主とされているが、ラクダも感染し保有している。表1にコロナウイルスの特徴を要約した。

表1　コロナウイルスの特徴

ウイルス名	疾病	発生年	宿主動物	感染症法	死亡率
HCoV-229E HCov-OC43 HCoV-NL63 HCoV-HKU1	風邪症候群	毎年冬期に流行	ヒト	指定なし	
SARS-CoV	重症急性呼吸器症候群	2002〜2003	キクガラシコウモリ	二類感染症	9.6％
MERS-CoV	中東呼吸器症候群	2012〜	オオコウモリ、ヒトコブラクダ	二類感染症	35％
SARS-CoV-2	重症急性呼吸器症候群	2019/12〜	コウモリ？	指定感染症 （二類相当）	1.7％（日本）

　コロナウイルスはエンベロープを保有し、消毒薬が有効である。エンベロープは脂質の膜であり、ヒト細胞の膜と同じである。そのため、脂質を溶解するエタノールなどの消毒薬、石鹸、界面活性剤は効果がある。エタノールは薬局方の規定では76.9〜81.4％であるが、実用では70％程度を目安に使用する。SARS-CoV-2では50％あるいは30％でも有効と報告されている[4][5]。一方、腸管感染を起こすノロウイルスやロタウイルスはエンベロープがなくエタノールは効果が薄く、次亜塩素酸ナトリウム（商品名：ハイターやブリーチ）が有効である。インフルエンザウイルス（IV）と同様に、SARS-CoV-2に消毒薬が有効なのは救いと言えよう。大学等の入口にもエタノール等が設置されたのは、理論的にも有効である。その効果は本ウイルスばかりでなくIVにも有効で、インフルエンザの流行は2021年1月では例年の1/1,000であり、マスクの効果と相まって認められる。インフルエンザ感染者の実数をあ

げると2019年15万402人、2020年5万1997人、2021年87人と本年は極端に少ない[6]。

　コロナウイルスのゲノムはIVと同様RNAで、変異が起こり易い。ヒトのゲノムはDNAで、DNAはRNAに較べて安定で変異も入りにくい。インフルエンザはゲノム変異が多いため毎年ワクチンを接種する。SARS-CoV-2のゲノムもIVと同じく変異する。しかし、SARS-CoV-2は変異を修復する酵素（RNA proofreading enzymes）を持つので、IVに比べ変異頻度は低いと言われている[7]。SARS-CoV-2ウイルス表面にはIVと同様にスパイクがあり、その受容体は宿主の多くの臓器（肺、脳、腸、腎臓、眼）の細胞に存在するangiotensin-converting enzyme 2（アンジオテンシン変換酵素ACE2（エース2と発音する））である。そのためSARS-CoV-2による傷害は多臓器にわたるといわれている。一方IVのスパイク、ヘマグルチニン（HA）受容体は上部気道の細胞のシアル酸がガラクトースに結合した構造SAα2,6Galである。表2はCOVID-19とインフルエンザの比較の要約である。

表2　COVID-19とインフルエンザの比較

	COVID-19	インフルエンザ
感染経路	飛沫、接触	飛沫、接触
受容体	ACE2	上気道のSAα2,6Gal
ゲノム	RNA（修復酵素あり）	RNA
国内での感染者数	435,548人、死者8,052人（2021年3月4日現在、累計）	約1,000万人、超過死亡数約1万人（例年）
症状の持続期間	2〜3週間	3〜7日間
致死率	0.25〜3％	0.1％
季節性	今のところなし	あり（1〜2月がピーク）
潜伏期間	2〜14日（平均5日）	1〜4日（平均2日）
感染後の無症状率	数％〜60％	10％
症状	発熱、咳、のどの痛み、倦怠感、頭痛、息切れ、嗅覚障害、味覚障害　など	発熱、咳、のどの痛み、倦怠感、頭痛、鼻水、関節痛、下痢（子どもに多い）　など

下線はそれぞれの疾患に特徴的な症状

２．ACE2受容体について

　Lukiw等[8]は、85のヒト組織でACE2の発現を解析したところ、ほとんど

全ての組織で普遍的に発現していることから、全身で血中サイトカインの異常上昇が起こり、その作用が全身に及ぶサイトカインストームが起こり、ショック状態や多臓器不全など重症化すると述べている。21の異なる脳領域組織では扁桃体や脳橋でACE2の発現が高く、認知機能障害が起こるのはそのためではないかと議論している。また、延髄でも発現が高く、延髄には呼吸中枢があるため重症呼吸器障害が起こる一因としている。

　Bunyavanich等[9]は、ニューヨーク州で2015〜2018年に集められた4〜60歳の鼻上皮細胞を解析した。10歳以下と他の3年齢区分、10〜17歳、18〜24歳、25歳以上と比較すると、喘息および性別の因子で補正しても10歳以下で有意にACE2受容体の発現は低かった。子供の感染頻度の低さを説明する理由の一つと言えよう。

　子供の感染頻度の低いもう一つの理由としてヒトの肺組織においてtransmembrane protease serine2（TMPRSS2）が高齢者で発現がより高いことが報告されている[10]。図1はコロナウイルスの増殖過程を表す。TMPRSS2はⅡ型膜貫通型セリンプロテアーゼと呼ばれる酵素の一つで、スパイクタンパク質を切断し、ウイルスがヒト細胞膜に融合して細胞内へ侵入するのを可能にする。TMPRSS2は、ウイルスがヒト細胞に侵入する鍵となる酵素である。細胞内に入ると、ウイルスは細胞の遺伝子機構を乗っ取りウイルスRNAゲノムのコピーを作成する。

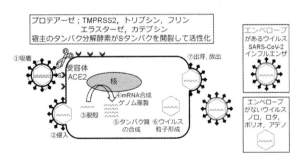

図1　コロナウイルスの増殖過程

3．COVID-19の感染経路

　主は飛沫感染である。患者の咳、鼻汁、くしゃみなどの飛沫（直径＞5 μm）の暴露である。また患者から排出された唾液、体液、分泌物、排泄物などウイルスに汚染されたものに触れることにより起こる接触感染も重要である。接触しただけでは感染しないが、ウイルスが付着した手で目、鼻を触ったり、食べたりするなど、粘膜・食べ物を介して、はじめて感染を起こす。そのためフェイスシールド・マスクの使用や手洗いによって、ほとんどの場合感染が防げる。飛沫より小さい飛沫核（直径＜5 μm）による空気感染も限定的であるが起こるとされている（図2、図3）。

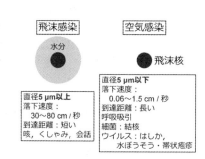

図2　飛沫感染と空気感染

図3　接触感染、飛沫感染と空気感染の模式図（図いらすとや）

4．SARS-CoV-2の安定性：温度、湿度、pHによる影響

　Chin等[11]は22℃、湿度65％における各種素材表面におけるSARS-CoV-2の安定性を測定した。Chin等のデーターをグラフ化したものを図4と図5に記す。

　ティッシュペーパーおよび衣類は、2～3時間で陰性化した。紙幣・ガラスは4日、マスク内側・ステンレス・プラスチック上のウイルスは完全に陰性化するのに7日要している。

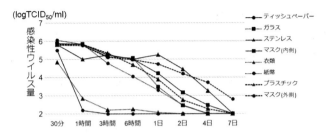

図4　各種素材表面におけるSARS-CoV-2の安定性
　　　Chin等[11] の論文のAppendexのデーターを基に筆者作成。

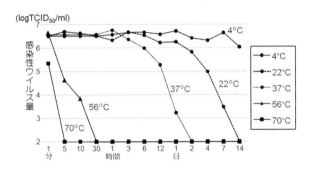

図5　SARS-CoV-2安定性に対する温度の影響

　Chin等[11] は温度を変えて同様の実験を行い、気温が低いとウイルスの分解
が遅くなることを示した（図5）。本実験は輸送培地中の安定性をみたものな
ので、通常の状態よりは安定性が良いと思われるが参考になる。同じことは
IVにもいわれていて、インフルエンザが冬期に流行する説明の一つになって
いる。COVID-19は現在のところ季節性なく流行しているので、温度による
安定性のみが感染性に影響しているわけではないが、冬期はより一層の注意
が必要と考える。

　SARS-CoV-2は、pH3〜10で室温では極めて安定であることもこの論文で
触れているが、幸い通常の消毒や手洗いで不活化できるとも述べている。

　論文では湿度についても触れていて、低い気温と過度に高い湿度および過
度に低い湿度がウイルスを安定させ、感染力を持続させることが明らかにな

った。低い気温では飛沫中でウイルスは長期活性がある。湿度が低く空気が乾燥していれば、飛沫中の水分が蒸発して、飛沫は小さくなる。ウイルスは他の物質と接触しやすくなり、不活性化されやすくなる。飛沫があるレベル以上に小さくなると、今度は内部の塩分がウイルスとともに結晶化してしまう。こうなるとウイルスは安定で、次の宿主の気道に侵入して溶け出し、再び活性化する。このような湿度が低下したとき、すなわち冬期の状態での興味深い考察をKudo等[12]が述べている。人の気道には繊毛細胞があり、粘液とともに微生物の侵入を阻止する。湿度が低くなると、この粘液を乾燥させ繊毛の運動が阻害されて、防御機能が低下する。加湿器を使って湿度を40〜60％に保つと、免疫反応を強化するとともに、ウイルス飛沫は水分が含まれて重くなり、床に落ちやすくなる。

5．COVID-19感染症の特徴

　症状はインフルエンザと同様の呼吸器疾患である。無症状から重度の症状までさまざまな程度の症候を示す。一般的にCOVID-19はインフルエンザよりも、発症するまでに時間がかかり、発症期間も長い。またインフルエンザと異なり、小児の発症例は成人と比較して少なく、全体に症状は軽い。12月2日時点で日本のCOVID-19に関するレジストリ研究[13]に登録された2020年9月30日までに入院した433施設12,599名を対象とした解析では、60歳以上は4,732例（37.6％）であった。症例致命割合（CFR）は全対象患者では4.2％（529/12,599）、うち、60歳未満0.3％（23/7,867）、60歳以上10.7％（506/4,732）と60歳以上で有意に高率であった[13]。

　米国では、2020年2月12日〜3月16日の間の死亡者の8割以上が60歳以上で、80歳以上では15％程度死亡した。要入院の74〜86％は50歳以上で、60〜90％は既往歴ありの患者であった[14]。同様の結果は中国でも報告されている[15]。

6．SARS-CoV-2の感染性

　He等[16]はSARS-CoV-2、SARS-CoV、および季節性インフルエンザの感染性を比較した。論文のデーターを表3にまとめた。発症2〜3日前から感染性があり、二次感染者の44％は発症前の一次感染者から感染したと考えられ

る（95％信頼区間（CI）30-57％）。発症0.7日前が最も感染性が高い。48～62％の感染が無症状感染者からであった。発症6日以降での二次感染はなかった。

表3　SARS-CoV-2、SARS-CoVと季節性インフルエンザウイルスの感染性の比較

	SARS-CoV-2	SARS-CoV	季節性インフルエンザウイルス
感染性	発症2～3日前から	発症後	発症2日前から
感染性のピーク	発症0.7日前	発症10日後	発症1日後
推定serial interval	4.6程度	10～11日	2～4日
最長感染性期間	発症後5日まで	発症後数週間まで	発症後6～8日まで
推定潜伏期間	12.3日他論文では5.2日	4～5日	2日

serial interval；最初の患者の発症とそれによって発生した二次的患者の発症までの間隔

　Cheng等[17]は台湾で、2020年1月15日から3月18日までの期間（最終4月2日まで追跡）、PCR陽性のCOVID-19患者100例とその濃厚接触者2,761例を対象にSARS-CoV-2の感染性を解析した[17]。濃厚接触者のうち23例が感染し、そのうち18例が発症した（発症率0.7％）。COVID-19患者の年齢中央値は44歳（11～88歳）、男性56例、女性44例だった。無症状のCOVID-19感染者は濃厚接触者に感染させることはなかった。COVID-19患者が濃厚接触者にコロナを感染するまでの発症期間の中央値は4.1日（95％CrI 0.1-27.8日）であった。濃厚接触者のうち18例が新型コロナを発症し、発症率は0.7％だった。全例が、COVID-19患者に発症前から発症後5日以内に接触していた。発症6日以降に接触した濃厚接触者852例では1例も認めなかった。濃厚接触者のうち発症したのは、発症前または発症から5日以内の確定患者と接触した人だけであった。感染リスクが一番高いのは、患者に発症前に接触した人だった。

7．ウイルスの排出量と排出のピーク時期

　前出のHe等[16]は、感染リスクが最も高いのは、発症0.7日前がピークとしているが、SARS-CoV-2のウイルス量のピーク日はNelson等[18]は7日以降、Cevik等[19]は血清検体中のウイルスの測定では大人で発症後4～5日、子供で6～7日目としている。

　Cevik等[19]は、SARS-CoV-2に関する79論文、5,340人のデーターをメタ解析した。ウイルス排出期間をCevik等[19]の論文のデーターを基に表4にまとめた。糞便中に長く残ることがわかる。しかし、この値は必ずしも活性のあるウイルスを排出していることを意味しない。ウイルスの一部が残っているという意味である。発症した人と無症状の人との間でウイルス量は同程度であった。ウイルスが多くても、9日目以降に活性のあるウイルスは検出されなかった。PCR検査を繰り返さなくても、臨床症状が安定していれば、発症から10日以降には感染性はほとんどないだろうと述べている。しかし、感染が確定した人のみを対象にしているため、感染の疑いがある人をどのくらいの期間隔離すべきかの目安にはならない。

表4　SARS-CoV-2の各検体中のウイルス量の排出期間

検体	上気道	下気道	糞便	血清
排出期間、平均(日)	17.0	14.6	17.2	16.6
排出期間、最長(日)	83	59	126	60

Cevik M[19]のデーターを基に筆者作成

　濃厚接触者の隔離日数については、Nelson等[18]が2020年8月1日〜11月30日の間にUSフロリダ州の49校、26,456人で観察した。495人の疑い例のうち257例（51.9%）が陽性であった。この257例の感染例に対して、2,189人の濃厚接触者が隔離された。そのうち134人が3日目にPCRを受け、14人（10.4%）陽性、839人が9〜14日の間にPCR検査を行い、40人（4.8%）陽性であった。PCR陽性者を高等学校と小中学校別にグラフ化した（図6）。PCR陽性となるのは9日目までが大部分であった。陽性者は高等学校の生徒が有意に多かった。14日で学校に戻った濃厚接触者の生徒のうち一人のみがその後発症した。その生徒は9日にはPCR陰性だったが、14日目のPCRでは陽性だった。その生徒のSARS-CoV-2ウイルスの遺伝型は暴露したウイルスの遺伝型と異なっていた。

　仙台市衛生研究所[20]のCOVID-19発症者193検体中のウイルスのコピー数

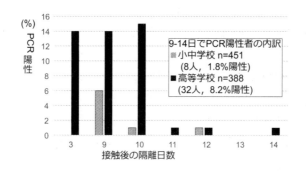

図6　濃厚接触者の接触後の隔離日数と隔離後のPCR陽性率[18]

を検査した結果では、発症日から15日経過するとウイルスのコピー数は、ほぼ検出できないレベルに低下していた。感染者を隔離すべき日数をこの値から推測できる。CDCでは、①感染者が無症状であり隔離10日、無検査では感染リスク1.4%、②感染者が無症状であり隔離7日、検査陰性では感染リスク4%であると記している。すなわち発症後10日以降は無検査でも感染リスクがきわめて低いといえる。もちろん臨床症状は継続観察が必要であり、マスク着用は14日必要であると述べている。

　日本では濃厚接触者の隔離期間は14日としているが、10日に短縮されれば、隔離病棟やホテルなどの余裕がでる。また検査手数も省ける。

8．スーパースプレッダーおよびスーパースプレッド・イベント

　ある感染症では、一部の感染者が多くの二次感染を引き起こすと推定している。このような特定の感染者をスーパースプレッダーと呼んでいる。SARSのシンガポールでの感染について詳細な研究がなされている[21]。COVID-19においてもほとんどの感染者は二次感染を起こさないが8.9%（95% CI 3.5-10.8）の症例が80%の感染を起こしているといわれている[22]。2005年にLloyd-Smith等[23]はそのような事象（ケース）をスーパースプレッド・イベント（superspreading events）と呼んだ。2020年9月26日にホワイトハウスのバラ園で行われたAmy Coney Barrettの最高裁判事候補の指名式典について、出席者の複数、少なくとも48人が感染していることから、これがス

ーパースプレッド・イベントだったのではないかと注目されている。この式典では大勢の人が参加し、大部分の人がマスクを着用していなかった。トランプ元大統領自身も10月2日にSARS-CoV-2陽性と発表した。

　スーパースプレッダーの一部はより多くの飛沫を放出するという論文もあるが、手洗いの習慣、行動範囲や社会活動が広範囲の人など、原因を絞ることはできない。

Ⅱ．COVID-19の大学における現状と対策

　COVID-19の感染状況については、日々目にされていると思うので、ここでは日本とUSの大学の感染状況・対策について述べる。

1．日本の大学の感染状況

　学生数Top10大学のCOVID-19感染者数を各大学のホームページより集計し、グラフにした（図7　2021年3月4日現在）。ほとんどの大学で10月を過ぎて、特に2020年11月〜2021年1月と感染者が多くなっている。第3波といわれている状況で増加していて、第1波および第2波では、感染者が認められていない大学がほとんどであった。第3波の時期は、大学への立ち入りを制限している大学が多かったにもかかわらず、感染者の増加が認められることは大学外での感染と考えられる。スポーツクラブや寮でのクラスター

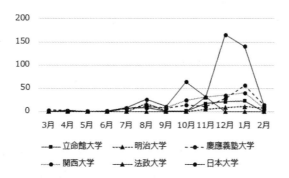

図7　学生数TOP10大学のCOVID-19感染者数とクラスター数（2020年3月〜2021年2月）

も第3波の時期に多く認められた。学生1,000人あたりの感染者数は、1.16～5.74人であった（図8）。

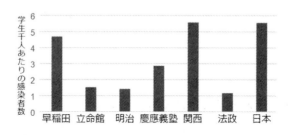

大学	早稲田	立命館	明治	慶應義塾	関西	法政	日本
学生数	38,642	32,243	30,399	28,052	28,369	27,605	72,838
感染者数	181	49	43	80	158	31	404
千人あたりの感染者数	5.12	2.48	1.64	5.49	5.64	1.16	5.74

図8　学生数TOP10大学の学生千人あたりのCOVID-19感染者数（2020年3月～2021年2月）

2．USインディアナ大学のアウトブレイク

　USのインディアナ大学は中規模大学で、学生数約12,000人、うち学部生は8,000人で85％はキャンパス内で生活している[24]。2020年8月10日からの学期の始まりにアウトブレイクがみられた。学期の始まりの7～10日前にPCRで陰性を確認した者のみキャンパスに立ち入ることが許された。検査の主な結果を表5にまとめた。8月16日～22日の間にアウトブレイクが起こった。8月19日に全ての学部生のクラスを2週間遠隔授業とした。屋内のリクリエーション施設などは一時閉鎖し、学生は屋外で食事をする、互いの間を6フィート（1.5 m）とる、会合は学内外を問わず10人以下にする、常時マスク着用など種々の対策を指導した。検査のハードルを下げるために、大学は検査場所、検査時間、および検査能力をあげた。COVID-19の症状、①体温38度以上、②呼吸困難、③嗅覚あるいは味覚異常、は自動的に検査対象とした。2日以上続く頭痛、鼻漏などの軽症者および濃厚接触者も自動検査対象にした。抗原検査をまず行い、陰性者のみPCR検査を行うことにより、基本的に

36時間以内に結果を出した。SARS-CoV-2の検査数はアウトブレイク前は1日あたり17.9検査数だったが、この2週間のアウトブレイクの間は1日あたり208.4と検査数が増えた。

表5　インディアナ大学でのSARS-CoV-2検査数と陽性者数

検査期間	検査数（人）	陽性者数（人）	陽性率（%）	一日平均の陽性者数
～8月10日　新学期開始	11,836	33	0.28	
8月3～15日	(479)	56	11.7	4.3
8月16～22日	(2,425)	371	15.3	26.5
8月23～29日		160		
10月4～10日	3,981	(36)	0.9	5

表はFox等[24]の論文より筆者作成。
　（）で表された数字は記載がないため陽性率より推測した値

　2週間のアウトブレイクの最中、常勤職員11人、パートタイム職員13人で接触者の追跡などを行った。また隔離された学生に対して、再配置された大学職員12人とボランティア60人が食事などの世話にあたった。大学は隔離あるいは検疫のために250ベッドを用意したが、症例数の増加とともにキャンパスに隣接するアパートやホテルに最終的に1,007ベッドを用意した。8月16～29日の間にトータル1,250人の学生が隔離あるいは検疫のために利用した。

　学生とのコミュニケーションを取るために、university administratorやcampus leaderがEメールビデオメッセージ、バーチャルミーティングなどを行った。学生の84.2%にEメールが送られた。

　患者の減少をみて、9月2日から順次対面講義などの再開を行ったが、常時マスク着用とした。

3．USコーネル大学の対策

　2021年1月23日朝日新聞の記事についてあらましを記載する。USのニューヨーク州にあるコーネル大学は、学生・職員数で約28,000人のUSの名門大学である。2020年3月に大学閉鎖され、9月からプールPCR検査を開始し

た。学部生は週２〜３回、大学院生や教職員は週１〜２回検査をすると同時に日々の健康チェックをする。費用は１年で約2,500万ドル（約25億円）かかるが、対策無しの損失は、入学を延期する学生の続出などを考え、最大２億ドル（約200億円）と見込んでいる。検査により感染者は減少し、全面的に対面授業となった。PCR検査は秋学期の約３ヵ月で約45万件であり、陽性者数は計303人、陽性率は１％以下であった。検体採取はWEB上に採取法のビデオがあり、学生が各自で綿棒（検査容器）を使い鼻孔前部を拭い、容器に入れ提出する（https://covid.cornell.edu/testing/surveillance/）。疑陽性は１％以下と考えられている。

　2021年４月28日現在5,920人の学生、5,265人の教職員がワクチンを接種し、キャンパス人口の49％が接種済である。ワクチン接種後２週間がたった学部生についても検査を週１回することになっている。ニューヨーク州の高等教育機関に関する2021年１月20日版補助ガイダンス[25]では、週あたりキャンパスの少なくとも25％以上の人数の検査において、陽性率が２週間連続して５％を超えた場合はキャンパス内での活動自粛を指示している。現在コーネル大学の陽性率は0.01％（４月14〜27日）、隔離用300室中12室が使用されている状態である。４月現在は週数千件の検査で数人が陽性の状態である。

　コーネル大学の2020年８月19日〜2021年４月28日までのデーター（https://covid.cornell.edu/testing/dashboard/）を元にグラフを作成した（図９、図10）。

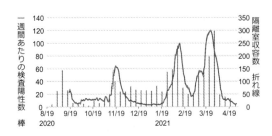

図９　コーネル大学のSARS-CoV-2検査陽性数と隔離室（全300）収容数
　　　コーネル大学HPより、筆者作成

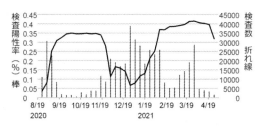

図10　コーネル大学の１週間あたりのSARS-CoV-2検査数と陽性率
コーネル大学HPより、筆者作成

4．クラスターについて

　クラスターのカテゴリーは、以下の早期検知しにくいクラスターと閉じにくいクラスターの２つに分けられる[26]。

早期検知しにくいクラスター：感染の事実そのものが現状のシステムでは探知されにくい。①一部の外国人コミュニティでは言葉や受診行動の違いで検知されにくい。②大学生の課外活動など若年層を中心としたクラスターでは、感染しても無症状の人が多いために検知されにくい。そのため「異常事象検知サーベイランス（Event-based surveillance（EBS））」が必要となる。

閉じにくいクラスター：感染者が不特定多数に接触濃厚接触者の把握が難しい。例えば接待を伴う飲食店などがあげられる。

　新型コロナウイルス感染症対策分科会（第18回）[27]によると、2020年６月１日〜12月13日までの２週間ごとのクラスターの発生件数を比較した結果、どの時期においても飲食店はほぼトップであり、医療機関、企業等、福祉施設なども多い。学校・教育施設等は３〜４番目を占める。令和２年12月以降では、医療福祉施設がクラスター件数の45％、感染者数の62％をしめる。飲食関連、教育施設と続く。飲食関連では接待を伴う飲食店、その他の飲食店、カラオケ、会食、ホームパーティーの順となっている[28]。教育施設では発生件数の33％が高校、16％が大学、11％が中学校と続く。感染者数では高校44％、大学21％と、高校・大学関連は、小・中学校関連に較べ、クラスターごとの感染者数が多い。またクラスターに部活動に関連している件数が多いのも特徴である。

　新型コロナウイルス感染症対策分科会第21回[28] の報告では、12月以降の
クラスター数は、7月〜10月のクラスター数に比較して明らかに増加してい
た。医療・福祉施設、飲食関連、についで教育施設のクラスターが多かった。
教育施設関連のクラスターの内訳をみると、高校・大学関連は小・中学校関
連に比べクラスターごとの感染者数が多かった。年末年始の帰省、忘年会／
新年会等の会食、クラブ活動が関与していたことが考えられる[29]。

　この分科会の報告によるクラスター数は、「報道情報に基づくクラスターの
情報をデータベース化したものを使用」と書いてあるのが筆者は疑問であっ
た。COVID-19 REGISTRY JAPAN（前出）のデーターは研究参加施設にの
み公開しているので、筆者は詳細をみていないが、クラスター情報が不十分
なのではないかと思われる。さらに本情報を利用したデーターの解析結果が
数ヶ月遅れで報告されているので、迅速化がのぞまれる。

Ⅲ．COVID-19の対策

　体調・発熱チェック、マスクの着用、登校制限、対面講義時の対策、食堂
などの対策はどの大学でも何らかの手段をとっているかと思う。その幾つか
について検討する。

1．飛沫について

　Zayas等[30] は、45人の非喫煙の健常人の咳によるエアロゾルの飛沫の直径
および数を、レーザーで粒子を測定する装置で測定し、呼吸性感染の感染性
を考察した。飛沫直径は0.1〜900 μmの範囲とかなり幅があるが、総数の97
％は1 μm以下である。年齢、性別、体重、身長、体容積には無関係であっ
た。5 μm以下の粒子は下気道に行きやすいことがわかっている。直径5 μm
以下の空気感染は、教科書では細菌では結核、ウイルスでは麻疹、水痘・帯
状疱疹とされている。しかし、今回の結果をみると、飛沫感染と空気感染の
境は難しく、COVID-19は飛沫、接触感染が主ではあるが、人と人の密度な
どによっては、空気感染も可能性があると考える。

　スーパーコンピューター富岳を使用した、理研 計算科学研究センター 複
雑現象統一的解法研究チームは、オフィスや食堂等のパーティションの高さ

は床から120 cmでは咳により向かいの席に飛沫が多量に飛ぶが、140 cm以上あれば飛沫数は十分の一以下に減少し、斜めや隣ではさらに少ないと発表した。しかし、140 cm以上の高さになると換気むらが局所的にできてしまい、エアロゾルの感染リスクが高まることもあり、換気の重要性を述べた。最近、筆者が所属する国立感染症研究所の食堂のパーティション内部に二酸化炭素濃度計が置かれ、三密対策を行っている。

２．マスクの効果

当初、WHOではCOVID-19に対して、看護などで患者に接する人以外はマスクは必ずしも必要ないと発表していた。しかしマスクの有用性が認識され、素材の研究結果や装着方法の違いでの有効性についての報告もなされている。Brooks等[31] は①医療用マスク（サージカルマスク）、②医療用マスクと布マスク、そして③紐を結んでひだをつけた医療用マスクの防御効果を0.1～7 μmの塩化カリウム粒子の暴露で比較した。Brooks等の各マスクによる防御率の結果を表6にまとめた。どの種類のマスクにおいても感染源、受容側双方がマスクをしていれば84％以上の防御力がある。医療用マスクでも、隙間があればその防御効果は落ちる。紐を結んでひだをつけ頬に密着すれば、防御効果が高まる。

表6　無マスクと比較した各マスクの防御効果

	感染源	受容側	防御効果（％）
無マスク	−		
医療用マスク	−	+	7.5
	+	−	41.3
	+	+	84.3
布と医療用マスクの二重	−	+	83
	+	−	82.2
	+	+	96.4
紐を結んだ医療用マスク	−	+	64.5
	+	−	62.9
	+	+	95.9

Brooks等[32] のデーターを表にまとめた。

　一方富岳ではマスクの二重装着はあまり効果がなく、ノーズフィットなどどれだけ正しく装着するかが問題と結論づけている。花粉症の時の効果的なマスク装着法の一つに、フィットさせると同時にマスク内にガーゼとコットンで作ったインナーマスクを入れることによって花粉を99％カットできると、環境省の「花粉症環境保健マニュアル2019」に記載されている[33]。この方法も参考にされたい。

　内閣官房新型コロナウイルス感染症対策推進室による2020年12月に実施されたWEBアンケートでは、本邦でのマスク着用率は2020年4月までに急激に上昇し、スーパー／コンビニ等の商業施設内および効用交通機関内ではすでに90％を越えている。12月までの着用率はほぼ同様の状況が続いているが、それでも感染に歯止めがかからない一因にマスクの正しい装着ができていないこと、およびマスクをはずす機会が減少しないことが考えられる[29]。

3．イベントにおける対策

　Chu等[34]はイベントにおける距離、マスクおよび目の保護の効果を、論文検索により表7のようにまとめた。

表7　イベントにおける距離、マスク、目の保護のSARS-CoV-2、SARS-CoV、
　　or MERS-CoVに対する防御効果

イベント		予想絶対値（％）	差（95％ CI）	評価	研究の種類
距離	≧1 m	2.6	-10.2	1 m離れるごとに効果は2.02倍高くなる	調整された研究（9件、n=7,782）非調整研究（29件、n=10,736）
	＜1 m	12.8			
マスク	＋	3.1	-14.3	医療用、サージカルマスクは感染を大きく減少	調整された研究（10件、n=2,647）非調整研究（29件、n=10,170）
	－	17.4			
目の防護	＋	5.5	-10.5	目の保護は感染を大きく減少	非調整研究（13件、n=3,713）
	－	16.0			

Chu等[34]のデーターを基に表に作成した

　2021年1月15日から19日の大阪府健康医療部の大阪府民1,000人を対象にした「新型コロナウイルス感染症対策の府民意識と行動変容」に関するアン

ケート結果[35) を一部グラフ化した（図11）。

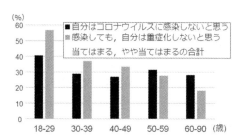

図11　大阪府民1,000人を対象にした「新型コロナウイルス感染症対策の府民意識と行
　　　動変容」[35) に関するアンケート結果
　　　グラフは筆者作成

　若い年齢層ほど自分は感染しない、あるいは感染しても重症化しないと考えている。大阪だけの問題ではないが、変異株の流行とともに若い世代の危機意識の低さが、大阪府における第4波の爆発的なCOVID-19患者数の増加原因になっているのではないかと考えられる。

　新型コロナウイルス感染症対策分科会（第19回、2020年12月23日）[29) では年末年始の帰省の予定が大学生等で36.4％、全体では22.8％であり、明らかに大学生等で帰省する割合が高い。また、忘年会・新年会等の会食の予定も行く予定があるのは、大学生等で22.5％、全体の11.5％の約2倍となっている。

4．COVID-19の抑制に有効な対策

　世界中の国々が、公衆衛生上の対策をとっている。どのような対策が有効だろうか。Brauner等[36) は41ヵ国の2020年1月22日〜3月30日までのデーター分析を行い、実効再生産数の減少に最も有効な対策を検討した。10人以下に集会人数を制限する、学校および大学の閉鎖、大部分の非必須の営業を制限することが有効であるが、自宅待機を追加しても効果は比較的少ないとの結果であった。

　Chang等[37) は、USで業務再開前と比較し、業務再開で10万人あたりの感

染者数を最も増加させる因子を解析した。フルサービスレストランの再開が群を抜いてリスクが高かった。ついで、フィットネスセンター、カフェ・スナックバー、ホテル・モーテル、セルフサービス飲食店の再開と続く。

5．日本での抗体価の調査とCOVID-19の検査法について

厚生労働省は第1回目の本邦での抗体調査を6月1日〜7日に、東京都1,971名、大阪府2,970名、宮城県3,009名、計7,950名を対象に抗体検査を実施した。第2回を12月14日〜25日に、東京都3,399名、大阪府2,746名、宮城県2,860名、愛知県2,960名、福岡県3,078名、計15,043名を対象に抗体検査を実施した[38]（図12）。

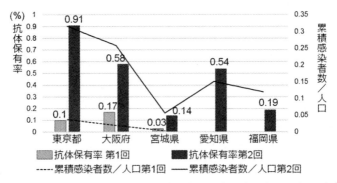

図12　厚生労働省による日本の抗体保有調査：第1回（6月）、第2回（12月）[38]の結果を基に筆者作成

筆者はこのような疫学的解析領域は専門ではないが、調査地域が限られているし、本来は人口比なども考えるべきだと考える。抗体価を理解するために、COVID-19の検査法について表8にまとめた。

表8　新型コロナウイルスにおける各検査の比較

	核酸増幅検査	抗原検査	抗体検査
検査法の種類	PCR法、LAMP法	定性抗原検査（簡易キット） 定性抗原検査（機器使用） 定量抗原検査	IgG or IgM/IgG イムノクロマト法・ICA法 電気化学発光免疫測定法 （ECLIA法） 化学発光微粒子免疫測定法（CMIA）etc.
検出	ウイルスの核酸	ウイルス粒子中のヌクレオカプシド	血清中の抗体
検体	鼻咽頭拭い液、唾液	鼻咽頭拭い液、鼻腔検体	血液
所用時間	最短2時間程度	15-30分	30分
陽性判定の意味	検体中のウイルスの存在 ウイルスの増殖能の有無は問わない	検体中のウイルスあるいはウイルスの一部（分解物、代謝産物も含めて）の存在 ウイルスの増殖能の有無は問わない	過去の感染履歴
検出期間	短い	比較的短い 検出期間は限定的	早期は検出不可 長期間検出可能
感度・特異度	他の検査法に較べて高い	核酸増幅法より感度・特異度ともに低い	

　抗体は血清中のタンパク質で、細菌やウイルスなどの外来の異物を排除する免疫物質の一つである。核酸増幅（PCR法、LAMP法）検査は特異性、感度ともに高い検査であるが、抗体検査は交差反応といわれるが、類似のものと反応することがある。例えば通常の風邪症候群のコロナウイルスと交差反応が起こり、非特異的結果が出る可能性がある。また、感染後通常は2週間ほどしないと抗体が作られない。すなわち、感染していると結論をつけるためには一定期間が必要である。抗体産生は個人差があり、年齢、性別、人種、環境、感染状況などによって影響され、大きく異なる。抗体診断はその意味で限定的であり、感染症の診断としては注意を要する。

　抗体検査で陽性ということは、発症の有無にかかわらず過去に感染したことを意味する。しかし、中和抗体といってウイルスの再度の感染を防いだり、感染後の毒性を弱めたりする効果のある抗体がどの程度できているかは結論がでていない。感染し回復した患者血清を使った治療なども報告され、中和

抗体ができているとの報告があるが、マナウスなどの状況をみると再感染に対する効果は限定的かもしれない。また感染後どれだけの期間抗体が維持されるか、症状の強弱と抗体産生の関連なども結論はでていない。

COVID-19の抗体検査は多くの企業で開発され、現在感度・特異度ともに種々の検査キットが出回っており、その性能には差があり検査結果の解釈には注意を要する。通常の検査で承認され用いられている検査は現在のところ無い。しかし抗体調査は、今後の流行などを予測し、今後の対策にかかわる有効な疫学調査であることは認識しておきたい。

核酸増幅法については、感度、特異度とも高いと考えられるが、感度が悪いと話す一部メディアがある。感度が悪いのではなく、検査検体に大きく依存するからである。体内にウイルスが侵入して増殖するには、細胞中で十分増殖してから細胞外に排出され、やっと検出可能になる。すなわち検査で検出できるようになるには一定の期間が必要である。どんな検査でも、いつ、どこで、どの部位から、どのように検体を採取していたか、そして誰が検査をしたかなどによって検査結果が変わる。PCR陰性とは、偽陰性でなければ、その検体中にその日に検出できるだけのウイルス量が存在していなかったことを意味する。次の日に陽性になる可能性もある。核酸増幅法はその検体中にウイルスが局在するかどうかということしか判定できない。しかも抗原と同様、ウイルスの活性は問題にならない。ウイルスは不活性であっても、抗原検査ではウイルス抗原の一部が存在していれば検出できるし、核酸増幅法はウイルスの核酸の一部が存在すれば増殖できる。

抗原検査は、核酸増幅法に比較して、感度、特異度は一般的に低いが、咽頭拭い液など非侵襲検体を使用して15〜30分という短時間で検出できるので、海外ではスクリーニングなどで用いられている。

6．COVID-19の後遺症

国立国際医療研究センターの忽那賢志先生[39]によると、新型コロナ後遺症は、単一の病態ではなく、実際には4つの病態が複合的に絡み合った病態ではないか、ということが分かってきた。4つの病態とは、①肺、心臓への恒久的障害、②集中治療後症候群（post intensive care syndrome：PICS）、③

ウイルス後疲労症候群（post-viral fatigue syndrome）、④持続する新型コロナの症状、を指し、これらがオーバーラップしていると考えられている。

　COVID-19の後遺症は、Long COVID、post COVID あるいは post-acute COVID-19 syndrome等といわれる。重症ではなくても、軽症でもCOVID-19の後遺症は出る。発症後120日で呼吸困難（11％）、嗅覚障害（10％）、倦怠感（10％）、咳（6％）、味覚障害（2％）などが認められる。さらに続発性後遺症として脱毛がある。発症後30日位から120日位まで症状が持続する。平均76日と出ている[40]。

　新型コロナから回復したオランダおよびベルギーの患者2,113人を対象にしたオンライン調査では、79日経過した時点でも症状が1つもないと回答したのは1％未満であった[41]。2,113人中、入院していた患者は112人で、2,001人は入院不要の軽症であった。後遺症としては29もの症状が報告されているが、倦怠感（感染中vs.感染後79日目　95％vs. 87％）および呼吸困難（同 90％vs. 71％）が最も高い頻度で認められた。続いて胸部圧迫感（同 75％vs. 44％）、頭痛（同 76％vs. 38％）、筋肉痛（同 65％vs. 36％）などが認められた。

7．ワクチンとその効果

　ブラジルのマナウス市では3月13日に最初の患者が出て以来、7月までに44％〜66％感染しているとみられた。10月の段階で献血者の血清抗体陽性率が76％に達していたので、集団免疫が獲得できるレベルと考えられた[42]。4月下旬から5月上旬のピーク以降、入院患者数は減少に向かい5月〜11月の入院患者数は少なかった。

　しかし、Sabino等[43]によれば、2021年1月1日〜19日の入院患者数は3,431人で、2020年12月1日〜19日の552人を大幅に上回り、感染拡大を示した。この原因として、以下の4つを考察している。①第一波のSARS-CoV-2の感染率を高めに推定していた。②第一波で獲得した抗体価が低下していた。③SARS-CoV-2の変異株が獲得された免疫を回避できるようになった。現在3つの系統の変異株がマナウスで流行している。さらにこれらの系統からさらに変異した株も見つかっている。④現在マナウスで流行している変異株が高

い感染性を持つ可能性がある。

　著者らは他の論文などの報告より、③および④の可能性が妥当であるが、結論をつけるには更なる解析が必要であると述べている。マナウスの再流行は、世界の他の地域で起こる可能性があり、これからも注視すべきである。また、ワクチンの変異株に対する有効性も早期に検討すべきである。

　ワクチンの効果についてファイザー社あるいはモデルナ社の95％という高率の効果は、接種しない人（プラセボ生理食塩水などを接種した人）に較べて接種した人の感染がどれだけ抑制されたかを意味する。接種しない人が100人感染し、接種した人が5人しか発症しなければ95％という数字がでる。ワクチンは発症や重症化を抑制するのは間違いないが、感染自体を抑制する効果がどのくらいあるかどうかはわからない。

　集団免疫について触れたい。ワクチン無しでは、再感染や多数の重症者・死者が出る。ワクチンを打って集団免疫をつけるとワクチンを打てない人達を守ることができる。ワクチンを打てない人達とは化学療法中、ステロイド投与、臓器移植をした人などの免疫不全（低下）者、場合によっては妊婦などである。集団の75％が免疫をつければ、すなわち感染済みになるか、ワクチンを接種すれば、感染症は収束するといわれている。図13に集団免疫の模式図を示した。

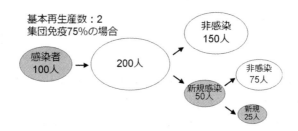

図13　集団免疫75％としたときの感染推移の模式図

　ワクチンは自分を守るだけではなく、人にうつさないことで他人を守ることが理解できる。ワクチン接種が始まったが、副反応と有害事象を気にして

いる人も多い。ワクチン接種後一定期間内に起きた有害事象は、因果関係がはっきりしなくても副反応と称する。ワクチンが直接あるいは間接的な原因でなくても副反応になってしまう。副反応の頻度は、ワクチンが直接の原因による有害事象の頻度を表しているわけではないことを認識したい。

　ワクチンの接種がどのように実施されれば効率的かという問題は、ワクチン不足の現在切実な問題である。Bubar等[44]は①60歳以上への接種で最も多くの人命を救える、②20-49歳の若い年齢層の接種を優先すると、感染の拡大を最小限に抑える、③抗体価を調べて、未感染者へのワクチン接種で、死亡数や感染数をさらに減らすことが可能である、と述べている。日本でのワクチン接種の方針に参考になる推測である。

　ワクチン接種はきわめて有効で、現状を打開する有用な手段であるが、変異株の流行の拡がりなどもあり、ワクチン接種が進んでも現在と同様の注意をせねばならないことを理解して欲しい。

Ⅳ．まとめ

　まずは信頼できる情報を集める。意思決定には知識が必要である。大学独自のガイドライン作成、学生への告知、学生の教育、などを状況に応じ、科学的事実に基づいて、間違うことを恐れずに柔軟に対処できるかが課題である。そして学生および教職員一人一人が基礎的事項を理解し、知識として身に付け、自ら考え自ら対応してこそ、この世界的な災禍が収束に向かうのだと考える。

　感染症に対する誤解などによって差別やいじめ、偏見なども問題になっている。今回はそのような問題には触れなかったが、正しい知識を得ることはそのような問題の解決にもなる。この小文が、すぐには収束しそうもないこの災禍に対応する一助となれば幸いである。

【用語】（新型コロナウイルス感染症患者に対する積極的疫学調査実施要領（2020年4月20日））
「無症状病原体保有者の感染可能期間」：陽性確定に係る検体採取日の2日前から入院、自宅や施設等待機開始
　　　　までの間
「濃厚接触者」：

・患者（確定例）と同居あるいは長時間の接触（車内、航空機内等を含む）があった者
・適切な感染防護なしに患者（確定例）を診察、看護若しくは介護していた者
・患者（確定例）の気道分泌液もしくは体液等の汚染物質に直接触れた可能性が高い者
・手で触れることの出来る距離（目安として1 m）で、必要な感染予防策なしで、「患者と15分以上の接触があった者

「患者クラスター（集団）」；リンクが追える集団として確認できた陽性者の一群

「基本再生産数」（basic reproduction number; R0）；全ての個体が初期に感受性を有する状態で、1人の感染者当たりが生産する2次感染者数（西浦　統計数理）。COVID-19の基本再生産数はWHOでは初期の武漢のデーター[45]を基に1.4〜2.5と発表している。もう少し高い値も報告があるが[46]、どちらにしても麻疹（はしか、18）、風疹（7）、水痘（水ぼうそう、9）、流行性耳下腺炎（おたふくかぜ、7）、ポリオ（5）などに比較して低い[47]。

「実効再生産数」；病原体自体の感染力の強さを表し、"すでに感染が広がっている状況において、1人の感染者が次に平均で何人にうつすか"を示す指標（日本疫学会）。

「エンデミック」；特定の地域などで、普段から継続的に病気が発生すること。「風土病」、「地方病」ということもある（日本疫学会）。

「エピデミック」；"流行"のこと。病気の発生が、通常の状態よりも明らかに多い状態（日本疫学会）。

「パンデミック」；国境をまたぐような"世界的な大流行"（日本疫学会）。

「超過死亡」；（我が国における超過死亡の推定、厚生労働省）
　　特定の集団において、新型コロナウイルス感染症流行期（2020年1月以降）に、例年同時期の死亡数をもとに推定される死亡数（予測死亡数）の95%片側予測区間（上限）と実際の死亡数（観測死亡数）との差。各地域、国間の比較、今後の予測などができる（国立感染症研究所　実地疫学専門家養成コース（FETP））。

【参考論文】

1）Wertheim, J.O., et al., A case for the ancient origin of coronaviruses. J Virol, 2013. 87(12): p. 7039-45.

2）Luo, F., et al., Evaluation of antibody-dependent enhancement of SARS-CoV infection in rhesus macaques immunized with an inactivated SARS-CoV vaccine. Virol Sin, 2018. 33(2): p. 201-204.

3）WHO. Middle East respiratory syndrome coronavirus (MERS-CoV). 2021/04/28; Available from: https://www.who.int/health-topics/middle-east-respiratory-syndrome-coronavirus-mers#tab=tab_1.

4）戸高，玲., et al., 【新型コロナウイルス感染症】新型コロナウイルスに対する消毒薬の効果．感染制御と予防衛生，2020. 4(1): p. 30-38.

5）Kratzel, A., et al., Inactivation of severe acute respiratory syndrome coronavirus 2 by WHO-recommended hand rub formulations and alcohols. Emerg Infect Dis, 2020. 26(7): p. 1592-1595.

6）(JMIRI)，株．医．インフルエンザ患者数は前年同月比約1000分の1 流行入りせず終了か？〜JMIRI処方情報データベースにおける調査より〜．2021年2月15日；Available from: https://www.jmiri.jp/files/topics/20210215_Notice.pdf.

7）Kosuge, M., et al., Point mutation bias in SARS-CoV-2 variants results in increased ability to stimulate inflammatory responses. Sci Rep, 2020. 10(1): p. 17766.

8）Lukiw, W.J., A. Pogue, and J.M. Hill, SARS-CoV-2 Infectivity and neurological targets in the brain. Cell Mol Neurobiol, 2020.

9）Bunyavanich, S., A. Do, and A. Vicencio, Nasal gene expression of angiotensin-converting enzyme 2 in children and adults. JAMA, 2020. 323(23): p. 2427-2429.

10）Schuler, B.A., et al., Age-determined expression of priming protease TMPRSS2 and localization of SARS-CoV-2 in lung epithelium. J Clin Invest, 2021. 131(1): e140766.

11）Chin, A.W.H., et al., Stability of SARS-CoV-2 in different environmental conditions. Lancet Microbe, 2020.

1(1): p. e10.

12）Kudo, E., et al., Low ambient humidity impairs barrier function and innate resistance against influenza infection. Proc Natl Acad Sci U S A, 2019. 116(22): p. 10905-10910.

13）COVID-19レジストリー研究運営事務局・運営委員会，＜速報＞COVID-19レジストリデータを用いた新型コロナウイルス感染症における年齢別症例致命割合について．病原微生物検出情報　IASR, 2021. 42(1): p. 19-20.

14）Team, C.C.-R., Severe outcomes among patients with coronavirus disease 2019 (COVID-19)- United States, February 12-March 16, 2020. MMWR Morb Mortal Wkly Rep, 2020. 69(12): p. 343-346.

15）Wu, Z. and J.M. McGoogan, Characteristics of and important lessons from the coronavirus disease 2019 (COVID-19) outbreak in China: Summary of a report of 72314 cases from the Chinese Center for Disease Control and Prevention. JAMA, 2020. 323(13): p. 1239-1242.

16）He, X., et al., Temporal dynamics in viral shedding and transmissibility of COVID-19. Nat Med, 2020. 26(5): p. 672-675.

17）Cheng, H.Y., et al., Contact Tracing Assessment of COVID-19 Transmission dynamics in Taiwan and risk at different exposure periods before and after symptom onset. JAMA Intern Med, 2020. 180(9): p. 1156-1163.

18）Nelson, E.J., et al., SARS-CoV-2 Positivity on or after 9 days among quarantined student contacts of confirmed cases. JAMA, 2021. 325(15): p. 1561-1562.

19）Cevik, M., et al., SARS-CoV-2, SARS-CoV, and MERS-CoV viral load dynamics, duration of viral shedding, and infectiousness: a systematic review and meta-analysis. Lancet Microbe, 2021. 2(1): p. e13-e22.

20）勝見正道, et al., 検体中のSARS-CoV-2ウイルスコピー数とウイルス力価に係る考察. IASR, 2021. 42(1): p. 22-24.

21）Centers for Disease, C. and Prevention, Severe acute respiratory syndrome–Singapore, 2003. MMWR Morb Mortal Wkly Rep, 2003. 52(18): p. 405-411.

22）Bi, Q., et al., Epidemiology and transmission of COVID-19 in 391 cases and 1286 of their close contacts in Shenzhen, China: a retrospective cohort study. Lancet Infect Dis, 2020. 20(8): p. 911-919.

23）Lloyd-Smith, J.O., et al., Superspreading and the effect of individual variation on disease emergence. Nature, 2005. 438(7066): p. 355-359.

24）Fox, M.D., et al., Response to a COVID-19 outbreak on a university campus - Indiana, August 2020. MMWR 2021. 70(4): p. 118-122.

25）Health, N.Y.S.D.o. Supplemental Guidance for COVID-19 containmet at higher education instituions during the public health emergency. 2021年2月20日update; Available from: https://www.governor.ny.gov/sites/default/files/atoms/files/HigherEducationSupplementalGuidance.pdf.

26）新型コロナウイルス感染症対策分科会（第14回）．2020年11月9日：Available from: https://www.cas.go.jp/jp/seisaku/ful/bunkakai/corona14.pdf.

27）新型コロナウイルス感染症対策分科会（第18回）．2020年12月11日；Available from: https://www.cas.go.jp/jp/seisaku/ful/bunkakai/corona18.pdf.

28）新型コロナウイルス感染症対策分科会（第21回）．2021年1月8日；Available from: https://www.cas.go.jp/jp/seisaku/ful/bunkakai/corona21.pdf.

29）新型コロナウイルス感染症対策分科会（第19回）資料9-2．2020年12月23日：Available from: https://www.cas.go.jp/jp/seisaku/ful/bunkakai/corona19.pdf.

30）Zayas, G., et al., Cough aerosol in healthy participants: fundamental knowledge to optimize droplet-spread infectious respiratory disease management. BMC Pulm Med, 2012. 12: p. 11.

31）Brooks, J.T., et al., Maximizing fit for cloth and medical procedure masks to improve performance and reduce SARS-CoV-2 transmission and exposure, 2021. MMWR 2021. 70(7): p. 254-257.

32) Brooks, J.T. and J.C. Butler, Effectiveness of mask wearing to control community spread of SARS-CoV-2. JAMA, 2021. 325(10): p. 998-999.

33) 環境省. 花粉症環境保健マニュアル2019 2019年12月改訂版. 2019; Available from: https://www.env.go.jp/chemi/anzen/kafun/manual/2019_full.pdf.

34) Chu, D.K., et al., Physical distancing, face masks, and eye protection to prevent person-to-person transmission of SARS-CoV-2 and COVID-19: a systematic review and meta-analysis. Lancet, 2020. 395(10242): p. 1973-1987.

35) 大阪府健康医療部,「新型コロナウイルス感染症対策の府民意識と行動変容」に関するアンケート結果. 2021.

36) Brauner, J.M., et al., Inferring the effectiveness of government interventions against COVID-19. Science, 2021. 371(6531): eabd9338.

37) Chang, S., et al., Mobility network models of COVID-19 explain inequities and inform reopening. Nature, 2021. 589(7840): p. 82-87.

38) 厚生労働省. 抗体保有調査の結果について. 2020; Available from: https://www.mhlw.go.jp/content/10906000/000640184.pdf, https://www.mhlw.go.jp/content/000734482.pdf.

39) 忽那賢志. 新型コロナの後遺症Q＆A どんな症状がどれくらい続くのか（2021年1月）. 2021年1月31日；Available from: https://news.yahoo.co.jp/byline/kutsunasatoshi/20210131-00220218/.

40) Miyazato, Y., et al., Prolonged and late-onset symptoms of coronavirus disease 2019. Open Forum Infect Dis, 2020. 7(11): p. ofaa507.

41) Goertz, Y.M.J., et al., Persistent symptoms 3 months after a SARS-CoV-2 infection: the post-COVID-19 syndrome? ERJ Open Res, 2020. 6(4): 00542-2020.

42) Buss, L.F., et al., Three-quarters attack rate of SARS-CoV-2 in the Brazilian Amazon during a largely unmitigated epidemic. Science, 2021. 371(6526): p. 288-292.

43) Sabino, E.C., et al., Resurgence of COVID-19 in Manaus, Brazil, despite high seroprevalence. Lancet, 2021. 397(10273): p. 452-455.

44) Bubar, K.M., et al., Model-informed COVID-19 vaccine prioritization strategies by age and serostatus. medRxiv, 2020.

45) Li, Q., et al., Early transmission dynamics in Wuhan, China, of novel coronavirus-infected pneumonia. N Engl J Med, 2020. 382(13): p. 1199-1207.

46) Hong, K., et al., Re-estimation of basic reproduction number of COVID-19 based on the epidemic curve by symptom onset date. Epidemiol Infect, 2021. 149: p. e53.

47) Anderson, R.M. and R.M. May, Directly transmitted infections diseases: control by vaccination. Science, 1982. 215(4536): p. 1053-1060.

第18回全国大会の概要・日程等

第18回全国大会実行委員会

委員長　中嶋哲彦（愛知工業大学）

委　員　石井拓児（名古屋大学）

川口洋誉（愛知工業大学）

田中秀佳（名古屋経済大学）

津田道明（日本福祉大学）

中道　眞（新潟薬科大学）

日永龍彦（山梨大学）

米津直希（南山大学）

Ⅰ．概　要

1．テーマ：大学教育とコロナ危機

2．趣　旨：

新型コロナウィルスの感染拡大は、あらゆる社会生活の変化への対応を強いることとなった。大学については、2020年4月の緊急事態宣言の発令と全国拡大の中で、休校（or休講）措置や学内への入構制限が行われ、ICTを利用したオンライン授業の実施を余儀なくされた。その一方で、大学の施設が利用できず、オンライン授業を強いられた学生たちからは、授業料の減額や返還を求める声が上がった。コロナ危機の中で学生たちの学ぶ権利をいかに保障するかという大学教育実践の模索が続くとともに、コロナ危機によって高額な授業料負担で成り立つ日本の大学教育の問題が露呈することとなった。これまで構造的に抱えてきた問題が浮き彫りになる中で、

オンライン授業の是非を巡って論争になっている。文部科学大臣は10月、「学生は危機的な状況」にあるとして「対面授業5割未満の大学名公表」の方針を明らかにし、対面授業の再開に圧力をかけてきた。しかし、これまでの大学教育実践の中でオンライン授業の可能性が見出されることも少なくないし、オンライン教育の継続の是非は文部科学省や大学からの一律の方針の押し付けではなく、大学・教職員・学生による自律的な意思決定や評価を通して問われるべきことであろう。

　さて、新型コロナウイルスの感染拡大により、開催中止となった前回大会では、大学自治を基盤とする教員・職員の職業専門性と、大学自治の担い手としての学生の位置づけの観点から、「大学人像」の再構築をめざそうとした。こうした「大学人像」はコロナ危機において大学教育の構造的問題が浮き彫りとなる中でより問われるべきものであり、改めて大学評価の基軸として据えられるべきものである。

　そこで、第18回全国大会では、コロナ危機における学生たちの不安や困難とそれらへの支援、大学教育をめぐる政府や各大学のガバナンス等の課題の総括・分析を通して、ポストコロナの大学や大学人のあり方を展望したい。

3．日　時：2021年3月6日（土）〜7日（日）
4．場　所：愛知工業大学（Zoomを利用したオンライン開催）
5．参加者：70名

Ⅱ．日　程

1．開会行事（大会実行委員長挨拶）
2．自由研究報告

司会：米津直希（南山大学）

　(1) 渡部昭男（大阪成蹊大学）「「漸進的無償化」論議の経緯と特徴：1978年第84回〜2020年第203回の国会審議から」
　(2) 垂髪あかり（神戸松蔭女子学院大学）「教育学部大学生における重度障害者観の変容」

⑶瀧本美子（龍谷大学）「コロナ禍における学生の「健康」「生活」「学習」の危機に大学はどう向き合うのか」

3．大会シンポジウム「大学教育とコロナ危機」

司会：日永龍彦（山梨大学）

コロナ危機と大学評価の視点　　　　光本　滋（北海道大学）

COVID-19感染症と大学における感染症対策とその実情・課題

村山琮明・小山由美（日本大学）

（詳細は1頁参照）

4．課題研究Ⅰ「教職協働」

大学職員の内発性に基づく役割モデルの再構築に向けた日・韓・台比較研究〈3〉

座長：深野政之（大阪府立大学）

（詳細は52頁参照）

5．課題研究Ⅱ「青年期の発達保障」

青年期の発達保障：学ぶ権利の実質を保障しうる大学評価のあり方を探る（1）

座長：西垣順子（大阪市立大学）

（詳細は64頁参照）

6．会員総会

⑴第8期理事の選出

⑵第8期会計監査人の承認

⑶第8期顧問の了解

⑷2020会計年度活動総括（案）について

⑸2020会計年度決算（案）および監査報告

⑹2021会計年度活動方針（案）について

⑺2021会計年度予算（案）について

⑻第19回全国大会について

7．閉会行事（第8期代表理事挨拶他）

大学職員の内発性に基づく役割モデルの 再構築に向けた日・韓・台比較研究〈3〉

深野政之（大阪府立大学）

菊池芳明（横浜市立大学）

光本　滋（北海道大学）

　2018年度に採択された科研費研究計画では、本学会が創立以来継続してきた教職協働研究の蓄積を基盤として、韓国・台湾との国際共同研究により日本、韓国、台湾での実践の中から形成されてきた大学職員の役割モデルについて明らかにすることにより、日本の大学職員に対する新たな役割モデルを提示することを目的としている。

　科研プロジェクト3年目は、新型コロナ禍の影響により予定していた海外大学調査ができなかったため、日本の大学職員の現状分析と大学職員論に関する理論研究に注力した。本報告では3年間の科研プロジェクトの中間的総括を行うとともに、日本の大学職員論の特徴を検証することを通じて、今後の課題研究および大学職員の新たな役割モデルを提示するための課題について議論を行った。

Ⅰ．科研プロジェクトの中間報告

深野政之（大阪府立大学）

1．台湾の大学訪問調査

　2018年度（1年目）は、大学行政管理学会関東地区研究会との共同企画により、2度にわたって台湾の9大学と教育部（日本の文科省に該当）を訪問

し、現地教職員へのインタビューと
意見交換を行った。しかし2018年の
訪問調査は大学行政管理学会関東地
区研究会との共同企画であり、日本
臺灣教育中心にアレンジを依頼した
ため、国際交流（留学生の受入・派
遣）の話題が中心となっていた。こ

のため2019年度（2年目）は、台湾の大学における「職員」の役割について
さらに掘り下げて実態を調べるため、科研チーム独自の企画として淡江大学
と長栄大学を再訪問し、各大学で職員5名程度に直接インタビューを行った。

　事前学習では台湾はジョブ型雇用システムが一般的とのことであったが、
調査した私立大学では職員採用や人事異動等にメンバーシップ型の特徴が観
られた。台北の大規模私大である淡江大学では、上級職員に専門職採用があ
るが一部に留まり、一般職員は新卒一括採用で人事異動もある。自大学の大
学院に在学中の一般職員もいるが、昇進が保証されているわけではないとの
ことだった。台南の私大である長栄大学では、ほぼ日本と同様の一括採用・
人事異動有のシステムであった。

　台湾では、人事と会計、図書館職員は人事法、会計法、図書館法の規定に
より専門職である必要があり、一般職員とは全く別の採用、待遇であるとの
こと。また大学法の規定により教務長、学生事務長は教員である必要がある。
日本で言う事務局長というポストが無く、一般職員でも直属の上司が教員で
あることが多い。このことは昇進の機会が少ないことにつながり男性職員が
少ないことの一因でもあるが、一般職員の大学院進学や資格取得へのモチベ
ーションに結びついていると見ることもできる。

2．韓国の大学訪問調査

　韓国大学訪問調査は2019年8月に、慶熙大学水原キャンパスにおける国
際研究集会と、現地8大学の教職員へのインタビューと意見交換を行った。
2018年の2回にわたる台湾訪問調査と同様に、大学行政管理学会関東地区研
究会との共同企画であり、慶熙大学の国際交流部にアレンジを依頼したため、

国際交流（留学生の受入・派遣）の
話題が中心であった。韓国について
は2020年に予定していた現地調査が
できなかったため、2019年に台湾で
実施した本チームによる独自調査と
同様に、今後、職員への聞き取り調
査を重点的に行う予定である。

2017. 5. 27	日本高等教育学会（東北大学）で科研構想を発表
2018. 4. 1	科研費補助金・基盤研究（C）に採択
2018. 7. 22	大学評価学会研究会（京都）で報告
2018. 8. 5-8	台湾訪問調査（第1回）
2018. 9. 2	大学行政管理学会研究集会（東京）で報告
2018. 12. 26-29	台湾訪問調査（第2回）
2019. 3. 3	大学評価学会大会（神戸大学）で報告／ポスター発表
2019. 8. 5-8	韓国訪問調査（第1回）／国際研究集会で日本側報告
2019. 7	大学行政管理学会誌に台湾調査報告掲載
2019. 12. 25-29	台湾訪問調査（第3回）
2020. 1. 11	大学行政管理学会研究会（東京）で報告
2020. 5	大学教育学会大会（中止）要旨集録掲載
2020. 7	大学行政管理学会誌に韓国調査報告掲載
2020. 9. 6	大学評価学会研究会（オンライン）で報告

3．現段階で得られている知見と中間的仮説

　これまでの現地調査および情報収集を踏まえ、現段階で得られている知見
と中間的仮説は以下の通りである。

■韓国・台湾とも教員が事務管理職を兼務していることが多く、また上級職
　員の中に少数ではあるがアメリカ式のジョブ型雇用と専門職能資格制度が
　見られる。

■多くの一般職員は日本と同様の一括採用であり、人事異動もあることから
　メンバーシップ型に近い特徴を持っている。部署別採用もあるが、採用後

数年で人事異動の対象となる。

■韓国・台湾とも、職員は学内において〈事務局〉のような形で一元的に組織化されてはおらず、教員組織（学部等）と同様に学長のもとにある個別部署に所属している。

■台湾で一般職員に大学院での修学が奨励されるのは、社会人大学院が普及しているという一般的事情とともに、所属長が教員であることの影響もあるのではないか。

　日・韓・台の大学には採用や昇進などの点ではメンバーシップ型としての同質性が見られるものの、組織内部のあり方が異なることがメンバーシップにも影響を及ぼしているように思われる。日本の大学職員に対する新たな役割モデルを提言するには、さらなる現地調査と韓国・台湾の研究者・職員との研究交流が必要である。

Ⅱ．政策タームとしての"教職協働"

菊池芳明（横浜市立大学）

1．"教職協働"の政策的インプリケーション

　"教職協働"という用語は近年、特に2000年代に入って以降、大学内外の関係者によってあたかもその必要性やあり方が自明のものであるが如く取り扱われてきた。結果として"教職協働"とは何なのか、日本の高等教育システムのどのような機能、構造がそれを必要なものとして求める要因となっているのか等、（これまた自明の問題として語られがちな「教授会自治の弊害」、「護送船団方式の終わり」、「社会ニーズの変化」などとの結びつきを除けば）それ以上の分析の俎上に上ることは少なかった（報告者は2018年の第15回大学評価学会大会において、職員によって結成された大学行政管理学会の結成以降10年間の論文等を対象に「職員側」からの職員論、"教職協働"について分析を試みている）。

　しかし、実際には"教職協働"は基本的に何らかの"改革"とセットで語られてきたものであり、それ自体を単独で自明なものとみなしてしまうことには疑問を覚える。特に、日本の大学における"改革"が政府・文科省によ

る法令改正や補助金、認証評価等による政策誘導を用いた“大学改革”に強く影響されている点は無視しえないものであり、“教職協働”が政策上、どのように位置づけられてきたのかを改めて検討する必要がある。

2.「学士課程教育答申」：学士課程教育確立のための教員と職員の協働

2001年1月の省庁再編に伴う大学審議会の中央教育審議会大学分科会への統合・再編以降の高等教育に関する中教審答申、大学分科会審議まとめ等において、最初に出された「大学の質の保証に係る新たなシステムの構築について（答申）」（2002年8月）では、そもそも職員（学校教育法第58条等で用いられる、教員、事務職員等を包括する用語としての「職員」は使用されている）については言及自体がなく、当然、「教職協働」も、それに類する記述も存在しない。

職員のあり方等についての記述が出現するのは「新たな留学生政策の展開について（答申）」（2003年12月）が初めてであり、「国際化に対応した教員，職員の採用」について言及がなされている。また、翌年の「薬学教育の改善・充実について（答申）」（2004年2月）においても「実習を支援する教員以外の職員の充実」を求める一文が存在している。しかし、いずれの答申においても「教職協働」やそれに類する用語、記述はない。「我が国の高等教育の将来像（答申）」（2005年1月）は、SD、職員を含めた専門的人材の育成、登用に触れるなど、職員に関してまとまった記述がなされた初めての中教審答申であるが、やはり「教職協働」等については含まれてはいない。「新時代の大学院教育－国際的に魅力ある大学院教育の構築に向けて－答申」（2005年9月）についても同様である。

教員と職員の“協働”が答申本文に初めて登場するのは「学士課程教育の構築に向けて（答申）」（2008年12月）である。この答申では、日本の大学の現状に関する危機感の共有の必要性が訴えられ、学士課程教育の確立を喫緊の課題とし、その改革のために教職員の共通理解が重要であることを指摘、その文脈において「職員と教員とが協働」「教職員の協働関係の確立」「教員と職員との協働関係」等の言葉が使用されている。ただし、「教職協働」という言葉そのものは使用されていない。また、「職員と教員とが協働して実り

ある大学改革を実行する」ためには「職員に求められる業務の高度化・複雑化に伴い、大学院等で専門的教育を受けた職員が相当程度いること」として、職員の高学歴化が想定されている。

3．「大学ガバナンス改革審議まとめ」：学長のリーダーシップ強化のための「高度専門職の採用・育成」「職員の高度化による教職協働」

この後、職員のあり方と"教職協働"についてまとまった記述が行われるのは、2014年の「大学ガバナンス改革審議まとめ」（2014年2月）である。「大学ガバナンス改革審議まとめ」においては、「学士課程教育の構築に向けて（答申）」における専門性を持った新たな職員と事務職員の高度化という問題が一層明確化され、「高度専門職の安定的な採用・育成」と「事務職員の高度化による教職協働の実現」が謳われている。そして、この審議まとめにおいて「教職協働」というターム自体が初めて使用されているが、6年前の学士課程教育の構築に向けて（答申）」と異なるのは、この「教職協働」、「高度専門職」の採用、育成、「事務職員の高度化」がともに、「学長のリーダーシップの確立」のための「学長補佐体制の強化」の一部として明確に位置づけられている点である。言い換えれば「学長のリーダーシップ」のための手段の一つとして"教職協働"が必要とされているのであって、「学長のリーダーシップ」のために特に必要がないのであれば"教職協働"は不要であることになる。大学評価学会第15回大会における報告で、「大学行政管理学会」の学会誌等における"教職協働"に関連する論文等が「学士課程教育の構築に向けて（答申）」から「大学ガバナンス改革審議まとめ」の間に集中していることを指摘したが、この観点に照らすとこの現象は興味深い。また、「事務職員が教員と対等な立場での『教職協働』によって大学運営に参画することが重要」と、「学長のリーダーシップの確立」のための「学長補佐体制の強化」のために職員と教員の対等性が求められている点も重要である。

4．「教育と研究を両輪とする高等教育の在り方について～教育研究機能の高度化を支える教職員と組織マネジメント～審議まとめ」：分業に基づく"教職協働"への転換

それ以降の政策文書に関しては、「大学ガバナンス改革審議まとめ」以後に

おける中教審、大学分科会の高等教育に関する最重要政策文書であるはずの「2040年に向けた高等教育のグランドデザイン（答申）」（2018年11月）では、一転して職員及び"教職協働"に関してはわずかにしか触れていなかったが、2021年2月の「教育と研究を両輪とする高等教育の在り方について〜教育研究機能の高度化を支える教職員と組織マネジメント〜審議まとめ」においては、再び職員、そして職員と教員の関係について重大な方向性が示されている。そこでは「大学における管理運営のニューノーマル」として「教員は教育研究のマネジメントに注力し、管理運営は大学の専門職によるマネジメントへと変革すべき」とされており、"教職協働"に関しては「教職協働の推進」という一節は設けられているものの、当該部分も含めてそこで言う"教職協働"は「教育研究支援業務や管理運営業務については大学の専門職に委ねるといったチーム型の組織マネジメントに転換を図る」というものであり、直接的な教育と研究以外については事務職員等への移管を図る「分業論」への転換がなされている。

5．各種競争的事業における"職員の在り方"と"教職協働"

近年における政府・文科省による高等教育政策は、様々な"大学改革"を主に2つの方法、①法令等による強制や努力義務化、②競争的事業による誘導によって実施してきた。このうち、②の競争的事業において"職員の在り方"や"教職協働"が審査上のポイントや補助対象とされているかどうかについて検証を行った。

対象としたのは、2002年度の「21世紀COE事業」に始まる各種競争的事業のうち、①主として文科省高等教育局の所管する、教育面を中心とし、かつ国公私立大学すべてを対象とする事業で、②ネット上で「公募要領」「審査要項」「審査基準」「Q&A」ないしはそれに類する文書が入手できたもの、計38事業である。

その結果、"職員の在り方"や"教職協働"が審査上のポイントや補助対象とされていたものは38事業中8事業のみで、かつ、その多くは国際化に関連する事業において外国語能力等で専門性を持った職員、スタッフが対象となるという、極めて当然の事例が多くを占めていた。わずかに「スーパーグ

ローバル大学創成支援事業」（2014年度）と「大学教育再生加速プログラム
（AP）」（2014年度～2016年度）については、同じ2014年度の「大学のガバナ
ンス改革の推進について（審議まとめ）」の内容−「学長のリーダーシップ確
立」のための「学長補佐体制の強化」のための「高度専門職の採用・育成」
と「事務職員の高度化による教職協働」−に対応する審査内容となっていた。

　国立大学、私立大学のそれぞれのみを対象とする特別補助事業の検討は行
っていない−資料入手上の困難や時間的制約のため−などから、これのみで
安易に結論を出すことはできないが、中教審の答申、審議まとめ等の政策文
書においても職員に関連する記述はそう大きなウェイトを占めているわけで
はないという点と併せると"教職協働"、また"職員の在り方"に関する政策
的インプリケーションについては、"大学改革"全体における位置づけも念頭
に検討する必要がありそうである。

Ⅲ．大学の基準と教職協働

光本　滋（北海道大学）

　大学における「職員」の語は、法令上は、大学に所属する教員（教育職員）
を含めた多種多様な職員の総称である。日常の用法としては、教員を除く他
の職種、さらに狭義には、事務職員を指す。近年、多くの大学において、職
員の非常勤化や業務の外部委託がすすめられている。一方、職員の職種は増
加している（北海道大学の場合、現在の職種は、教員、事務職員、技術職員、
船員、医療系職員、教務職員、専門職（特定）、URA（University Research
Administrator）に区分している）。職員のあり方の今後を探るために、多種
多様な職の職務や要件を職員の青年・成人の発達＝教育権保障の視点から明
確にし、基準化していくことが求められる。

　本報告では、上記の基準化への手がかりを得ることを目的として、大学の
基準において大学職員がどのように位置づけられてきたかを確認し、その問
題点と今後の課題を論じる。

　なお、本報告の検討は事務職員を中心とするが、教育職員・技術職員など
他の職種に関しても適宜参照する。職員の職務や編成は、学校教育法、大学

設置基準など諸法令、規則に分散して規定されている。本報告では、これら
を総称して「大学の基準」と呼ぶことにする。

1．職員の組織

学校教育法において、職員組織は収容定員とともに学則記載事項とされて
いる（4条）。ただし、学校教育法では高等学校までの事務組織の編成に関す
る規定を設けているものの、大学に関しては規定していない。

大学設置基準は、教育研究上の基本組織、教員組織とは別個に事務組織等
を定めている（41-42条の3）。このような規定の仕方は、研究・教育組織と
は異質の要素として事務組織を形成する根拠となっていると評価できる。

事務職員に関しては、「大学は、その事務を遂行するため、専任の職員を置
く適当な事務組織を設けるものとする」（41条）。厚生補導に関しても類似の
規定ぶりであるが、「適当な組織を設ける」と曖昧な表現にとどまる（42条）。
なお、41条・42条は、1991年（旧42条・43条からの繰り上げ）、2017年の改
正を経て現在の形となった。2017年の改正では、「事務を処理する」を「事
務を遂行する」にあらためた。

教員に関しては、研究・教育組織の種類および学生定員により専任教員数
を定め、かつ職名ごとの要件を定めている。図書館に関しては、その機能を
十分に発揮させるために必要な専門的職員その他の専任の職員を置くものと
している（38条3項）。これらと対比すると、事務職員は類似の規定を欠く。

2．職員の種類・職務

学校教育法は、事務職員を学長・教授等と並んで必置の職としている（92
条1項）。技術職員は「置くことができる」「その他必要な職員」（92条2項）
とされる。事務職員の職務は「事務をつかさどる」としている37条の規定を
準用している（112条）。大学設置基準では、職員の職務は組織の目的と一体
とされており（41・42条）、個別職員の職務に関する規定はない。

これまで個別職員の職務に関する法令上の基準がまったく存在しなかった
わけではない。国立学校設置法施行規則（1964年4月1日公布）は、職員の
種類・職務を定め（1条各項）、ここで、事務職員は庶務・会計等の事務に
従事する（1条3項）、技術職員は技術に関する職務に従事する（1条4項）、

教務職員は教授研究の補助その他教務に関する職務に従事する（1条5項）としていた。さらに、大学の事務組織等に関しては、国立大学に事務局、厚生補導に関する部を置くことを定め（28条1項）、事務局内の組織（部・課・室）（28条2項）、事務局内の職（28条3項）、事務局内の各職を務めることができる職員の種類（28条6項・8項等）、各職の職務（28条6項・7項・9項等）などを定めていた。学部等の事務組織に関しては、学部等の組織に規模に応じて事務部・事務室を「置くことができる」（29条1項）とし、事務部等に置く組織（29条2項）、職（29条3項）、各職の職務（29条4項）などを定めていた。

3．職員の定員

国立学校設置法は制定当初（1949年5月31日公布）、各学校（大学）の職員の定員を定め（12条別表）、職種毎の定員は文部省令で定めることとしていた（13条）。国立大学の定員内の職員は国家公務員とされ、後に定員削減の対象とされるようになった。また、学校ごとの職員の定員の規定も文部省令へ移された。

国立大学に限らず、職員数が必要を満たしているかは大きな問題である。現在、非常勤の職員が恒常的な業務を担っている実態が広範に見られることは、職員の定員の基準を設けるべきことを示している。

4．近年の動向

近年、大学設置基準の総則中に「教員と事務職員等の連携及び協働」（2条の3）が謳われるようになった。しかしながら、事務組織の規定ぶりは変更されていない。また、「社会的及び職業的自立を図るために必要な能力を培うための体制」（42条の2）、「学部等連係課程実施基本組織」（42条の3の2）など、近年の改正により追加された組織に関する規定は、いずれも研究・教育組織や教員組織とも密接にかかわるものであるにもかかわらず、「事務組織等」（9章）の系とされている。大学一般の組織を律する基準の中にこのような規定が置かれたことの是非を問題とすべきである。

5．職員に関する基準の評価と課題

大学の基準は、青年・成人の発達＝教育権保障の視点から条件整備の基準を

定めることを本旨とする。大学が自律的に判断を行い、それぞれの必要に応じて、大学の基準に定めがない組織や職を置くこと自体は問題ではない。しかしながら、新規の組織をつくるために既存組織の人員が削減され、条件整備の基準を満たすことができなくなるのであれば本末転倒である。職員に関しては、大学設置基準等が定員の規定を欠いてきたことが条件整備の後退につながっていると評価しうるのではないか。

　大学設置基準等の規定の仕方は、文部（科学）省が事務職員の組織・職務を大学に共通する基準により律するものと考えてこなかったことを示している。このことは同時に、職員のあり方を青年・成人の発達＝教育権保障の視点から考えることを妨げてきたと言いうるのではないだろうか。

　職員の組織、職務、定員等の定立するために、各大学の実態の把握、問題の分析が必要である。本課題研究がとりくんでいる国際比較（大学職員の内発性に基づく役割モデルの再構築に向けた日・韓・台比較研究）も同様の観点からすすめていきたい。

Ⅳ．討論と今後の課題

　渡部昭男会員（大阪成蹊大学）より以下の通り指定討論を頂戴した。

1．深野報告に対して

・科研費・基盤Cの予算でチーム研究を着実に推進されてきたこと、科研HPを開設して情報を分かり易く発信していることを評価。

・科研タイトルに掲げた「内発性に基づく役割モデル」は、欧米のジョブ型オンリーではない、東アジアのメンバーシップ型の限界・課題を踏まえた上での意義や可能性なのか。

・韓国・台湾において「教職協働」が政策としてどのように語られているのか、実践としてどのように創られつつあるのか。

2．菊地報告に対して

・「協働」自体が政策的に出されてきたこと、その「協働」から「分業」へという直近の政策動向がよく分かった。

・職員と教員が対等な立場で「同じ目的」に向かって…という際に、トップ

のマネジメント強化の下に進められる「分業」の危険性も同感である。

・その上で、政策実現、法人利益という方向ではない内発的な目的、例えばより良い教育＆研究を創りたい、働き甲斐のある仕事・職場にしたい…という学園論議の上に共有できた方向性で「協働する実践」を収集し、蓄積する作業が一方で大切なように思われる。

・そうした営みを経て、やがては「学生・青年の発達保障、学ぶ権利の保障」という目的、「学問の自由を擁護し人々の福祉増進に寄与する研究の発展」という目的、などで一致する「協働」に繋がっていってくれればと期待する。

３．光本報告に対して

・学校教育法の多様な「つかさどる」規定にあるように、職種によって職務権限が異なることを踏まえて／尊重して、協働することができないだろうか。

・職務権限は保有する資格を前提とする場合もあるし、保有する資格と関係がない／異なる場合もある。

・学校教育にかかわって、必要な職を増やしていく、任意配置から必置にしていくといった教育運動も展開されてきた。

・職務権限の違いを前提に／違いを越えて、多様な職種が協働できる仕組みや職場の在り方に関心を持つ。

・今回の光本報告のような基本情報が、韓国＆台湾でどうなっているかも知りたい。

・最後にかかれている「大学の基準は、青年・成人の発達＝教育権保障の視点から条件整備の基準を定めることを本旨とする」…学会としても探究すべきテーマと思われる。

※追記：本研究の継続課題として申請していた、2021年度科学研究費補助金・基盤研究（C）が採択されました。引き続き課題研究を進めてまいります。

学ぶ権利の実質を保障しうる
大学評価のあり方を探る（1）

西垣順子（大阪市立大学）

Ⅰ．課題研究の趣旨

　大学評価学会では2012年の第9回大会「『質保証』を問い直す―発達保障からのアプローチ」以降、毎年の大会で課題研究セッションを開催してきた。発達保障に関する理論的検討、教育実践の検討、政策批判などを行ってきたが、「すべての青年にとっての大学教育・高等教育の価値の追求」を基本的立場におき、エリートのためだけの教育や一部の産業界のための人材育成（グローバル人材育成など）とは一線を画してきた。

　今回は大学評価について検討をするが、学生の発達保障のための大学評価とは何かを改めて考えると、「大学教育・高等教育にアクセスする権利」と「発達を支える教育を受ける権利」の両方が保障されている必要があり、そういう状況を実現していく評価のあり方が求められるだろう。このような観点から近年の大学教育をめぐる動向は次のように整理できるのではないか。現状の大学教育政策は、グローバル人材育成論を代表とする人材育成政策が中心であり、また同時に大学自治機能の弱体化が進められている。他方で学生による学費値下げ運動が盛り上がり、政治もそれを無視するわけにもいかなくなってきたように思われる。2020年度からは高等教育就学支援制度が導入され、大阪府などの自治体でも公立大学の学費減免制度の拡充が行われた。これらの制度は残念ながら様々な矛盾や欺瞞を孕んでいるものの、今までは大学教育から排除されていた青年に大学へのアクセスを、政策として保障す

る動きではある。このような政策が実施されれば、その効果等を検証する研究もされることから、大学をめぐる日本の研究や世論、政策の動向に影響を与えていく可能性も指摘されている（e.g., 吉田, 2018）。

　第18回大会の課題研究では、大学評価についての研究と実践に関する幅広い知見と経験をお持ちの二人の報告者の報告をもとに、多様な背景をもつ学生の学ぶ権利を保障していく大学評価のあり方について議論することとした。議論に際しては、大学の自己点検評価を担当している指定討論者に議論の口火を切っていただいた。

II. 第一報告：早田幸政氏（中央大学）
「『確かな学力』に根ざす高大接続の方向性と今後の大学評価のあり方」
1. 内部質保証重視の大学評価と入学者受入れ

　近年の高大接続改革は、高大を通じた学習者のコンピテンシー育成、認証評価における学習成果重視、および小・中・高の「学び」に対する高卒時点での学力評価重視などを主要論点として進んでいる。背景には、高大接続システムの総体としての制度化と、六三三四の学制の一貫的掌握による、公教育全体への国の統制強化と教育資源の有効活用への指向がある。

　他方で大学の認証評価では、3ポリシーに基づく内部質保証機能の有効性評価が主要な位置を占めている。ラーニングアウトカム（学習成果）が学位授与方針（ディプロマポリシー）に明示され、その達成度をアセスメントを通じて評価することが求められている。また学習成果評価の起点については、受入れ学生の高校卒業時の学力達成度の測定・評価が重要と考えられつつある。実際に国の政策文書では、入学者受入れ方針の策定（「確かな学力」を構成する「学力の3要素」の確認など）とそれに基づく必要な措置（学習成果の評価方法の開発など）が指摘されている。その中でも本報告では、調査書活用の重要性を指摘しておきたい。入学者受入れ方針に適った調査書の活用は重要であるし、入学者の能力判定ツールとして有効であるはずである。また学習記録である調査書は、高校までに培われた学力を継承・発展させる上

で有用でもある。なお３つの認証評価機関の評価基準をみると、いずれの認証評価機関でも入学者受入れ方針に沿った公正な入試の実施を求めているが、大学基準協会の評価基準は入学前の学習歴や水準の判定方法の明示を求めるなど、高大接続の観点を強調している。

２．教育人権としての学生の学ぶ権利とそれを保障する枠組み

伝統的な理論では、大学で学ぶ権利は憲法23条（学問の自由）に依拠し、進学が公権力によって妨げられないという意味でのみ理解されていた。しかし生涯学習需要の高まりの中で、教育の機会均等を定めた憲法26条の解釈を通して、大学を含む公教育にアクセスしようとするすべての人々の学ぶ権利を保障しようという理論展開をしていくことも大事である。つまり教育に自由にアクセスするという自由権的側面と、経済的弱者等であっても学ぶ意欲と能力があれば大学教育が受けられるとする社会権的側面の親和性を、制度的にも実践的にも追及していくことが求められている。

現在、経済的弱者への財政上の支援措置は、高等学校段階は外形上は充実したものになりつつある一方で、高等教育機関段階は緒に就いたばかりである。さらなる充実を後押ししていくことが、我々主権者に求められる。

また、経済的弱者への財政支援とは別に重要なことは、そもそも大学教育に対して、誰もがアクセスする権利が保障されてしかるべきということである。欧州では1993年にマーストリヒト条約が締結され、EU市民の加盟国内での移動の自由が保障されることになった。また2009年にリスボン条約とEU基本権憲章が発効し、EU圏内での教育を受ける権利と職業上の継続的訓練へのアクセス権が承認された。そしてこれらの人権憲章と符合する形で、1997年にユネスコによる「欧州圏の高等教育の資格に関する条約」が締結された。これは締結国の学生、職業人による他の締結国の高等教育へのアクセスを保障するものである。

ここでいう「資格」とは、学位や卒業証明も含まれるが、もう少し広範な意味もある。条約では、この資格に関する適切な情報開示を締結国に指示しており、（教育・学習歴と併せ）知識スキルの習得状況をもとに資格承認が行われる。このことによって、伝統的な学生以外の人々、学校に行けなかった

が職業現場等で学びの機会を得た人、難民・避難民なども資格の認定対象になり、大学教育へのアクセスの権利が保障されることになる。

　日本の場合、2012年に国際人権規約の高等教育の漸進的無償化条項の留保撤回が行われた。またそれと併せて、2011年に東京で起草されて2018年に締結された、ユネスコの「高等教育の資格の承認に関するアジア太平洋地域規約」がある。締結国は日本、中国、韓国、オーストラリア、ニュージーランド、モンゴルなどである。内容は上述の欧州条約とほぼ同様である。なお日本では、高等教育制度や「資格」に関する国内情報センターが設置されたが、日本における「資格」枠組みは未設定であり、国内的には学習成果の可視化を軸に質保証システムの構築・運用を推進しつつあるところである。

3．公平で実効性ある高大接続へ

　このような観点から六三三四制を俯瞰した学制改革の把握を大学教育の質保証から見ていくと、「何を教えるか」ではなく、「どのような能力を身につけるか」が大事で、それは小中高・大学と共通であることを改めて確認する必要がある。その上で、今の教育行財政の現状をしっかりと把握していくことが求められる。

　各大学においては、結果の平等ではなく機会の平等の要素を取り込んだ入学者選抜を行うとともに、その際には志願者の過去の学習歴の扱い（調査書など）に今まで以上に留意する必要がある。また、入学段階での学力をさらに伸ばしていくという観点から、学習者中心の教育を充実させる必要があり、そのためにも学習成果の可視化は重要になる。

　認証評価機関においては、六三三四制を俯瞰する一貫した質保証の視点が今後大事になる。具体的には、小中高校で培った確かな学力を、大学教育にどう継承させていくかを追求していく上で、大学教育と学習指導要領との関係性を研究しなければならない。また国の政策動向の常時的な把握と意義の考究が求められる。

Ⅲ．第二報告：中田晃氏（一般社団法人公立大学協会）
「新たな大学評価を考える―制度と「制度」の間で」

1．認証評価制度、制度と「制度」

　「変化する社会と変化しない評価制度」と予稿集に書いた。大学を取り巻く環境変化は速い。大学への直近の提言は「消滅する地域社会への対応」であったりするし、今年度はコロナ禍への対応も求められた。「高等教育修学支援制度」は制度的に問題もあるとしても、年間7000億円ベースの予算を高等教育に振り向けたインパクトは大きく、コロナ禍で学びの危機に陥った学生の支えになった。

　他方で大学評価制度は、急速に変化する状況に比べ、その変化は緩慢だ。現場の教員が本当に評価したいものを評価するものであるべきだとしても、なかなか現実は変わらない。しかしこれは、法令上の制度の問題だけではない。関与するアクターの行動選択との相互作用によって、実際の「制度」は決まり、アクター自身がそれを自己拘束的なものにしている。

　逆に言えば、法令上の制度そのものが変わらなくても、我々の行動選択を変えていくことによって、評価「制度」は変わっていくと考え、4つ目の認証評価機関となる大学教育質保証・評価センターを、10年かけて作ってきた。最初は公立大学協会の外からも中からも賛同が得られなかったが、相互学習型の評価をめざしてワークショップを開催したり、調査研究をしたりしながら、会員校のコミットメントを高めてきた。2019年8月に文部科学大臣の認証を得て、本年度は7大学の評価を行った。

2．内部質保証重視の評価とその難しさ

　学校教育法とその施行規則によれば、各大学は自己点検評価を自身の考える方法で実施しており、その上で7年に一度認証評価を受けることになる。だが実際には、認証評価を受けるために自己点検評価を行うという状況になっていることが少なくない。それも無理からぬことで、例えば公立大学について言えば、認証評価以上に重い法人評価が毎年行われているので、結果的に自己点検評価が後回しになってしまう。

　そもそも1991年に自己点検評価が最初に努力義務化され、後に外部評価が

努力義務となり、最終的に認証評価にたどり着いたのだが、このプロセスにおいて「評価の客観性」は高まったかもしれないが、大学からは遠ざかることとなった。第3者評価で大学を隅々まで見ることはできない。内部質保証の重視は自己点検評価への原点回帰のようにも見える。

3．新たな認証評価の理念と特徴

新しい認証評価機関を作るにあたり、2002年の中教審答申にもあるように、「様々な第3者評価機関がそれぞれの特質を生かして評価を実施することにより、大学がその活動に応じて多元的に評価を受けられるようにする」ことが重要だと考えた。同時に、社会から見て信頼性が高く、かつ関係者にとって妥当性の高い評価が必要だ。信頼性の担保のためには①大学の情報公表の徹底、②評価の全体像の見える化、③外部視点の尊重が、妥当性の担保のためには①（重箱の隅をつつくよりも）問題となるポイントを探索すること、②異なる評価制度との連携による三角測量をすること、③大学マネッジメントに貢献することが重要と考えた。このようにして、説明責任と改善の両立を図ることをめざしている。

その上で評価基準を3つ定めた。基準1は大学の法令適合性を10の事項で評価する。基準2は、教育研究の水準の向上の取組状況を評価する。水準そのものを評価するのではなく、仮に水準が下がっているとしても、それをどのようにモニタリングして改善していこうとしているかを評価する。基準3は特色ある教育研究の進展について評価する。

その上で、各大学の自己点検評価の総合的状況を点検評価ポートフォリオに記述することを求めた。すなわち評価機関に提出する資料は、各大学の自己点検評価そのものではなく、自己点検評価の取組やプロセスを文脈づける「点検評価ポートフォリオ」とした。これにより、現場の大学教員が問題点や改善課題を浮き彫りにするような評価を、社会への説明責任にも耐えうるものとして読めるようにする。もちろん、ポートフォリオから自己点検評価結果等へのトレーサビリティーは確保している。このようにして、教職員が自律的に行う自己点検評価と、法令上定められている認証評価をつないでこうとしている。

Ⅳ．指定討論者：中井睦美氏（大東文化大学）によるコメント
　「学生は、コロナ禍で何を大学に求めたのか？　学生の考える
　学修成果と大学の考える学修成果」

　コロナ禍の中で、学生が考える学修成果と大学が考える学修成果の間には乖離があることが明確になった。オンデマンド授業では自律して学べる学生とそうでない学生の二極化が明確になり、特に1-2年生は大学に意義を見いだしにくくなっている。本学のような大学では、1-2年生はサークルなどで同世代と交流することに大学の価値を見いだし、3-4年生は就職のためのノウハウ教育を望みがちである。文系総合大学であり、専門とその後の進路が直接にはつながらない。例えば英語学科の場合、自分は英語が苦手だからもう少し英語力を伸ばしたいと思って入学してくる学生がいる。

　本学では今年から２年間かけて、学修成果を可視化していこうとしている。具体的には、大学の学位授与指針と各部局の学位授与指針を整理し、加えて資格科目などの学部・学科に所属しない授業にはAG（achievement goals）を定め、学生がそれらを履修した結果を積算するという方法で、４年間何を学んできたかを可視化していこうと考えている。その際に学修成果を４つに分類した。学習指導要領そのままではなく、高等教育用に言葉を変更したもので、知識技能、思考表現力、意識、多文化共生である。また学位授与指針の１つには、「自律的学習者として学び続け、社会に貢献する意欲と能力、社会の担い手としての使命感」を掲げている。

　可視化作業の中で苦労しているのは、教員にとっても学生にとっても、学修成果の可視化がなぜ必要かが理解されにくいことである。学生にとっては将来のキャリアパスにも就職試験にも関係しないから、現在のGPAなどはどうでも良い。また教員は知識の伝達が教育だと思っているし、卒業後は専門で学んだ分野の仕事をするものだと思っている。新入生は知識や技能を教えてもらうのが教育だと思っており、オンライン授業でそれを変えるのは難しい。また本学の教育理念である多文化共生を身につけ、卒業後も学び続けることができる人になってほしいが、これを学修成果として数値化するのは難しくもある。

　全学と部局の学位授与指針を整理して、各授業との紐づけを行ったが、実際の基準の運用などは学科ごとに異なっている。20学科すべてとヒアリングを行い、学科の独自性も尊重したやり方で実施した。また教員の間でコンセンサスを作っていくためにFDも重要で、卒業時や卒業後に何を求められているかを、教員が学生にどうやって伝えていけるかが大事である。

　なお、標準的な共通テストを用いて、各学生の学修成果を偏差値的に測定するというものがあるが、本学の学生にはあまり適さないと思っている。「自分は低得点だから、もうやめた」ということになりかねない。また例えば、英語学科の目標をTOEIC500にしたとして、そこに届かない学生は英語学科にいる価値がないのか。英語をもう少し伸ばしたくて来ている学生もいるのに、そんなことは言えない。本人が卒業後もさらに学習していくためには、他者との比較ではなく、入学時から4年の間にどんなことを学び、それによってどれだけ成長したのかを自分で解析できて、自分で実感できるような学修成果の可視化を何とか作り上げられないかということを模索している。

V．総括討論

1．学修成果の可視化の難しさについて

【早田】実際に自分も教員養成の課程を担当していて、教員養成の目的を理解した上で、授業に臨んでほしいと思いつつ、そうはなっていないというジレンマがある。教職課程の教職実践演習で義務付けられている学習ポートフォリオは自己省察シートであり、達成目標との関連で教職課程履修開始時から自分がどの程度成長したかを確認できる。卒業後の教職への接続の役割も果たしうる。これはもっと幅広く使われるとよいと考える。

　学位授与方針に示した学修成果を、各授業に落とし込んでいくというところを媒介するのがFDであるが、教員のFD参加意欲はさほど高くないかもしれない。だが今年度のような状況でオンライン授業になると、教員のFDへの期待が高まっている。教員が自身のためではなく、学生の目線で、自分の教育が学生にどのような付加価値を与えることができるのかを考えるという気づきをもたらしたと言える。

【中田】学修成果とは何かについての考えは、人によって異なる。現場の意識に基づいて議論が行われ、質保証が行われることが大事だと思う。認証評価としては、そういう学内での議論を積極的に認め、それを社会につないでいく役割を果たすべきだと思う。また、学内で活発な対話を促すための要素は、外部との対話もあると思う。認証評価もそういう機会になるべきである。他にも地域の方々や学生との対話などが重要と思う。さらに、大学そのものも自己省察することが大事である。職員の役割も重要で、教員の議論等を一般社会にわかりやすく翻訳していくことは、職員の大きな役割だと思う。教職協働を考える上でも、質保証の現場は重要だろう。

2．「道徳教育」の大学への接続について

【質問】学習指導要領から大学への一貫した資質能力の育成が重要ということだが、大学での道徳教育とはどういうことなのかが気になる。大学入試改革の中で「行動規範のある学生の育成」があったが、自律的に行動規範を作れるはずの大学生にそれを求めるのは妥当か。小中学校の道徳の教科化の問題と併せて、憲法に定められている学問の自由や内心の自由と照らし合わせてどうなるか。

【早田】公共の場で大人としてどうふるまうかの学習は大切で、初年次教育などの場で大学の自主的な判断でされると良い。道徳教育教科化にはマイナーな評価もされているが、道徳教育の学校段階から高等教育段階への接続は重要だ。大学でこそ有効な部分は、大学教育で開花させるべきで、特に職業倫理教育への接続が重要だろう。また、学校の道徳教育は公徳心や法令順守が前面に出ているが、大学ではそれを再考させること、「悪法でも守るのか」、「法を作るのは誰か」などを考えて、主権者教育につなげることが大事だ。

3．憲法に定められた権利と大学・大学評価

【質問】高等教育を受ける権利には社会権と自由権の相克があると言われたが、「相克」に終わらせず、統合する原理をどこに見いだしたらよいか。また「内部質保証」を認証評価により各大学に行わせていくというシステムが、憲法適合的と言いうる条件とはどういうものがあるか。

【早田】あくまでも教育研究の仕組みを評価するのであり、中身の妥当性は

評価しないことが前提条件になる。それと合わせて、認証評価機関が自律的な大学団体によって担われることも条件である。米国ではアクレディテーション団体は、非営利組織の会員団体であることが条件になっているが、本来はこのようにあるべきだ。また、仮に認証評価団体が特色ある教育を評価するとの前提で、特色を類型化して評価すれば、大学の機能分化を認証評価機関が推奨することになるので、個別大学の自治の侵害になるだろう。

　また、もともと教育は自由権から出発し、それが社会権として認められるようになっていったものなので、両者は乖離はしない。自由権と社会権を一体として考えることによって、学生の学習権を保障することになると思う。

【質問】思想・良心の自由と学問の自由が、憲法で保障されている。自らの思想や良心を、学問的に正当化できる能力を培い、市民や知識人を育てることは大学教育の役割だ。一方で、大学における学問の自由と思想・良心の自由の関係はどうなっているのか。日本学術会議会員の任命拒否は、大学教員の思想・信条への首相による介入だと思うが、これを学問の自由の問題として批判することは、憲法学的にありうるか。

【早田】任命拒否された方々の研究や考えを、公権力で否定することなので、学問の自由の侵害になる。直接的には公権力批判への委縮効果をもたらすが、それにとどまらず、国民全体への利益でもある学問の自由全体に、悪影響をもたらすだろう。思想・良心の自由が学問に及べば学問の自由、宗教に及べば信教の自由、表現行為に及べば表現の自由で、内心の自由の根底にあるのが思想・良心の自由である。任命拒否は直接には学問の自由に向けられているが、その根底にある思想・良心の自由を侵害しているということになる。

4．国境を越えた高等教育圏構想について

【質問】欧州高等教育圏を作るにあたって、ボタンの掛け違いがあるのではないかという話も聞く。本来の目的は欧州での学生の移動の自由を保障することで、それによって学問を発展させるということだったと思うが、実際はどうなのか。

【早田】ボタンの掛け違いは、産業界が地域規約を利用して産業の活性化を狙ったところにあると思う。但しユネスコは、1990年代よりもっと前から、資

格の相互認証を主張していた。

　なお ASEAN でユネスコと世界銀行が、メコンデルタ地帯の貧しい地域の人々の経済を他地域に近づけるためには、子どもたちが大学教育を受けられるところまで持って行かないといけないから、EUと同じ枠組みを作ろうとしている。日本については、日中韓でキャンパスアジア構想を作ろうとしたが上手くいかず、現在は ASEAN プラス3（日中韓）や、プラス5（オーストラリア、ニュージーランド）、プラス6（インド）という枠組みで、ASEANが求めていた価値原理を北東アジアにも拡大しようという意図で、地域規約が作られている。但し、これを喧伝しているのは外務省で、文科省は学修成果の可視化をどうするかとか、六三三四制の中でそれらをどう法的に位置付けられるかというところで躊躇しているという状況だと思う。しかし高等教育に誰もがアクセスできる、日本だけではなく、少なくともアジアの人々がそういう恩恵をグローバルな権利として受けるためには、北東アジア版の地域規約を成長・発展させることが重要だ。

戦後大学行政の政策と組織に関する考察
―学問の自由・大学の自治の観点から―

細井克彦（大阪市立大学・名誉教授）

はじめに

　本稿の目的は、戦後日本の大学行政（高等教育行政の中核として）の政策と組織の変遷を学問の自由・大学の自治の観点から振り返り、将来的なあり方を探究することである。大学行政は、一般に国家が大学の政策・方針を作成・決定し実行する行為という側面と、その下で個別の大学が建学の精神や理念に従って方針を定め実行する側面から捉えられる。前者は国家と大学との関係を体現するものとして現憲法下では学問の自由・大学の自治によって律せられ、後者においては大学の自主性・自律性を保障されるはずである。しかしながら、大学行政の現実は特に1990年代後半以降の新自由主義「大学改革」の本格化によって破壊されていると言わざるを得ない。本論ではその経緯と展望をエポック的に概観したい。

1．法人化後の大学行政の政策・制度の問題―国立大学法人化と
ガバナンス転換

　2004年は日本の大学制度に根本的な転換がもたらされた年として記憶される。国立大学法人制度の創設、認証評価制度の導入、専門職大学院の設置などは、従来の日本にはなかった制度であり、特に国立大学法人制度は新自由主義「大学改革」の到達点を記すものと言えよう。国立大学法人制度は、国立大学制度を廃止して、独立行政法人通則法の枠組みに立脚して制度転換を図るものであり、当初文部科学省は反対していたが小泉純一郎首相の一喝に

会い、「国立大学」の名称を残し大学の「自主性・自律性」の尊重を謳い文句にこれを受容した[1]。大学の設置者を国から法人に移行するに伴い、内部組織も役員会、経営協議会、教育研究評議会に変更され、従来の大学自治の基盤としての「教授会」は法人組織から外され、代わりに役員会、経営協議会などに学外者が配置されることになった。学長候補の選出は学長選考会議が当たるが、学長は経営者（理事長）でもあることから従前のような選挙によることなく（意向投票は可）学長選考会議（学外者を含む）が候補者を決定することになった（任命は文部科学大臣）。国立大学法人は大学の「自主性・自律性」を保障するという建前は制度的に困難を抱え込むことになった。さらに、中期目標・中期計画（6年間）の導入とその達成度評価、そのための国立大学法人評価委員会の設置、評価に基づく資源配分、運営費交付金の定率的削減等々、国立大学法人制度には選択と自己責任を原則とする大学のガバナンス転換も含まれていたのである。

　第一次安倍晋三内閣が成立すると、2006年には改憲へのステップとして教育基本法の「全部改正」が強行された。言うまでもないが1947年教育基本法は日本国憲法と不可分一体のものとして捉えられてきたが、2006年教基法はその関係を切断して全面改定されたものであった。1947年教基法では憲法の「理想の実現は、根本において教育の力にまつべきもの」とし、「個人の尊厳を重んじ、真理と正義を希求する人間の育成」とともに、「普遍的にしてしかも個性ゆたかな文化の創造を目指す教育」の普及徹底を求めて、「日本国憲法の精神に則り、教育の目的を明示」（前文）するとし、第1条（教育の目的）をはじめ、第2条（教育の方針）、第3条（教育の機会均等）など11の条項を掲げた。特に第10条（教育行政）については、①「教育は、不当な支配に服することなく、国民全体に対し直接責任を負って行われるべきもの」とし、②「教育行政は、この自覚のもとに、教育の目的を遂行するに必要な条件整備の整備確立」を目標とすることにした。2006年教基法では、前文冒頭で「我々日本国民」が登場し、「公共の精神を尊び、豊かな人間性と創造性を備えた人間の育成」とともに、「伝統を継承し、新しい文化の創造を目指す教育」の推進を謳い、第1条（教育の目的）で国民として「必要な資質」を

持ち出し、第2条（教育の目標）で6項目にわたる「資質」の達成目標を掲げた。2006年教基法では1947年教基法にはなかった第7条（大学）が設けられた[2]。1項は従前の学校教育法の規定を踏襲し、大学は「学術の中心」として教育と研究を基本任務とするが「これらの成果を社会に提供することによって、社会の発展に寄与するもの」と社会への貢献を強調、2項では憲法原理としての学問の自由・大学の自治ではなく「大学の自主性、自律性」が独特の意味合いを込めて規定されている。「今後、各大学においては、それぞれが自律的に選択した理念に基づき、自らの個性・特色を明確にしたうえで、…社会の期待に応えることが求められる」とし、「機能別分化」[3]や、国際競争力ある教育研究拠点[4]たることが期待される。大学の「機能別分化」が政策原理として法的前提に据えられることになった。一方、教育行政の条項については第3章の第16条（教育行政）、第17条（教育振興基本計画）で設けられる。第16条で「教育は、不当な支配に服することなく、この法律及び他の法律の定めるところにより行われるべき」とされ、1947年教基法の国民全体に対する直接責任制が削除され、2項の教育行政の条件整備性も削除された。また「教育行政は、国と地方公共団体との役割分担及び相互の協力の下、」実施されなければならないとする。この関係性は新設の第17条「教育振興基本計画」と連動しており、政府の「教育の振興に関する施策の総合的かつ計画的な推進」のために施策の基本方針及び施策その他を計画することになり、国と地方との関係は対等ではなくなった。教育行政の理念は重大な変質をもたらされた。すなわち教育は国民にではなく、行政に責任を負うことになりかねず、行政権限（特に文科省）が格段に強化される。高等教育政策についても例外ではない。国家と大学の関係で言えば、政府の大学・高等教育政策が優位的地位を占め、大学は国策実行機関化されることになり、憲法原理からの逸脱と言わざるを得ない。

　国立大学法人が中期目標・計画の3期目を迎えようとする時期になると、政府・財界関係から学長・理事長のリーダーシップが強調され「大学のガバナンス改革」が声高に叫ばれるようになった[5]。いわく「知識基盤社会」の到来、ICTの普及、急速なグローバル化の進展等の社会環境の急激な変化の中

で、グローバル人材の育成、イノベーションの創出、経済再生等、大学に対する社会の期待の高まりがある。「各大学が、国内・国外の大学間で競い合いながら人材育成・イノベーションの拠点として、教育研究機能を最大限に発揮していくためには、学長のリーダーシップの下で、戦略的に大学をマネジメントできるガバナンス体制の構築が不可欠になっている」[6]とした。そして、第3期中期目標・計画に入る直前の2015年4月に学校教育法、国立大学法人法の一部改定が施行された。変更の要点は、①学長のリーダーシップの確立、②教授会の役割の明確化である。①学長の補佐体制として総括副学長を設置し、学長のもとに人事、予算、組織再編の権限を集中してリーダーシップの確立を図る一方、②教授会の役割を教育課程編成、学生の身分、学位の授与、教員の教育研究業績の審査等を審議する、学長の諮問機関化した。従来の学校教育法第93条は、憲法の学問の自由の理念を踏まえて「大学には、重要な事項を審議するため、教授会を設置しなければならない」としていた。これに対して改定では、上記条文は削除され、「大学に教授会を置く」とだけされ、置くとすれば役割を明確にせよと読み取れ、教授会の形骸化ないしは解体に導くものであった。また国立大学法人法改定では、経営協議会の学外者を過半数以上とすることで経営体制の強化を図り、あわせて学長選考会議における学外者が過半数を占めるようにした。詰まるところ、改定のねらいは「コーポレート・ガバナンス」（企業統治）にならって大学における教学と経営の分離を徹底して経営（国策遂行のため）の論理に従って大学を統治する仕組み（体制）の強化に主眼があったのであり、そこでは学問の自由や自治はおろか多様な構成員の意見などは経営の邪魔なので排除するというのである。しかも、こうした「ガバナンス体制の総点検・見直し」は各大学が「自主的、主体的に」行うべきだとしながら、実際には文科省による各大学の規則改定案を細部にわたって厳しいチェックし、時に書き換え（修正）を命じたのである。さらに第3期中期目標・計画については、各大学が作成し文科大臣（文科省）が認可するが、その際、「国立大学改革プラン」の確実な実施に向けて、「ミッションの再定義」、改革構想（組織再編、資源再配分への重点支援、年俸制等の導入等）は厳しくチェックされるだけでなく、特に

「ミッションの再定義」については文科省が各大学に付与するかのごとくに強要された。大学の自主性・自律性の内実が問われたのである。

　ところで先に述べたように、国立大学法人制度は国の教育行政（高等教育行政を含む）を担う主管官庁としての文部科学省の反対を押し切っていわゆる政治主導で導入された。教育政策は従来であれば文部省（旧称）ないしはその下にある諮問機関（中教審、大学審など）を通じて原案が作成され、パブリックコメントなどにより教育（大学）関係者・国民からの意見聴取を経た上で、答申などの形で省としての意思決定が行われ、政府がこれを決定して政策化する過程を曲がりなりにもとってきた。しかしながら、1990年代後半になると国の方針として規制緩和、市場化、民営化など新自由主義改革路線が本格始動し、国立機関に対しても独立行政法人制度（2000年　独立行政法人通則法制定）が先行的に実施（博物館・美術館、研究機関など）に移されていたが、文科省（国立大学協会も）は国立大学の民営化・独立行政法人化に慎重だったことから、既述のように小泉首相の一喝を受けて、国立大学法人という形で受容することになった。政策形成・決定過程もトップダウンが構造化される契機でもあったと考えられる。この点については、次節で見ていきたい。

２．戦後大学行政組織の変遷―大学の内発的発展の阻害と国家統制の強化

　本節では、大学行政の組織的変遷を、(1)戦後教育改革期、(2)中央教育審議会から臨時教育審議会・大学審議会まで、(3)中央省庁等再編の３期に分けて、国家と大学との関係に注目しながら概述する。

(1)戦後教育改革期の大学行政

　1945年戦後における日本の「新たな出発」は、連合国軍総司令部（GHQ）、日本国政府、国内外世論といった錯綜した関係の下で進んだが、教育の分野も例外ではなかった。日本政府は戦前・戦時下の軍国主義・超国家主義に対する国内外の批判にもかかわらず、敗戦後も「国体護持」の精神を強調しており、世論の批判の高まりの中で、文化・教育の民主的な方向を一定示すもなお「国体護持」に固執していた[(7)]。間もなくGHQによる主に軍国主義的教育体制の禁止規定[(8)]を受けて改革を進めるようになるが、1946年３月に

GHQの招へいで来日した第一次アメリカ教育使節団の報告書において積極的な提言が行われる[9]。

　使節団報告書は日本の教育全般にわたる改革提言であるが、高等教育についても重要な批判と提案を行っている。大学は「すべての現代教育制度の王座」と位置づけ、学問の自由に基づく研究、青年男女への教養の準備、職業人養成のための技術的訓練を「三大任務」とし、それらに「平等の関心」をもって果たすべきだとした。日本における教育は、地政的にも孤立的な傾向になっており、国民全体の自覚を高めることを目的・目標とするよりも、学者や政治家、実業家の志向に目が向けられており、学者の持つ高度な学識の世界と民衆との間にあまりにも距離があり、科学界では創造的、独創的であるよりも多分に模倣的、吸収的であると指摘する。そして、日本の大学制度はどの国の高等教育計画にも見られる国際的な諸要素に立脚すべきであり、その一つとして「高等の学問に進む権利」のあることが国民大衆にも行政機関にもしっかりと認識されなければならないとした。「少数者の特権と特殊の利益が、多数者のために開放されて、その限界が決め直される」必要がある。そのためには、自由に学び、自由に発表する機会がすべての優良な学校に回復されなければならないというわけである。高等教育の組織については、大学・高等教育機関の量的拡大だけでなく、普通教育（一般教養教育）拡充の要求に応ずるために、「カリキュラムの自由主義化」が必要であり、職業的、技術的教案の中に、できる限り、普通教育的科目を取り入れるべきだとした。そして、「ある政府機関が、そういう学校の創設を認可したり、必要な基準が保たれるように監督したりする責任を持つべきである。これがどんな機関であろうとも、それを構成するものは、経験のある信頼するに足る、しかも代表的教育者でなければならない。そして彼らが関係学校の自治権に干渉せぬように、十分注意して、その任務を制限しなければならない」と。ここでは、大学の設置認可行政について提起されていると考えられるが、注目したいのはそれを文部省に特定せず「ある政府機関」と言い、「代表的教育者」で構成すること、その任務の限定が必要であり、保護的制限以外は「学校はその自ら最善と考えられるような方法で、自己の目的を追求する自由を与えられる

べきである」としていることである。また、高等教育機関の質の向上のために高等教育機関の協会の創設や、官公私立の学校間に本質的相違はないので特に公的資金の配分については十分に配慮すべきこと、および個々の教授の地位・教授団に対する学問の自由と経済的保証（「社会の２つのおくり物」）の必要性について、貴重な提案をしていた。本報告書の評価についてはいくつかあり得るが、日本の教育（大学）に与えた意義（官僚統制の排除、教育の民主化を勧告）には大きいものがあったと言えよう。なお使節団報告書の作成に当たって日本側教育家委員会（官公私立学校長など29人の代表的教育家で構成）の協力があったことも見逃せない。

　1946年８月には内閣総理大臣の教育諮問機関として教育刷新委員会（のちに教育刷新審議会と改称）が設置され、11月に日本国憲法が公布され、本格的に教育改革の論議が始まることになった。教育刷新委員会（初代委員長　安倍能成）は日本を代表する教育家で構成され、教育基本法制定を提唱したことからも分かるように（答申に止まらず）積極的に建議をしたことで知られている。憲法は、国民主権（民主主義）、基本的人権、平和などの諸価値を基本理念に置き、学問の自由を明記した。これらの理念を教育の力で実現するために特別法として1947年教基法が制定された。大学については学校教育法で規定され、学問の自由を制度的に保障するために「教授会」の設置を義務づけたのである。また1947年には大学基準協会、49年に日本学術会議の創設なども行われた。しかし戦後の民主的性格を持つ立法制定や諸改革が進展する一方で、統治権者でもあったアメリカ占領軍には看過できない動き⁽¹⁰⁾があり、さらに戦前の財閥は解散されたものの間もなく財界（1946年　経済団体連合会結成）が復権した。大学に関連しては、CIE（総司令部民間情報教育局）が「国立大学の民間移譲案」（1947年）、「大学理事会法案」（1948年）、「大学法試案要綱」（同年）など、アメリカ様式の大学法案を次々と提示してきた。その中で、文部省は「大学法試案要綱」（同年）を発表した。

　文部省「試案要綱」は、国庫から成り立つ国立大学を各都道府県１校以上認可するとし、その組織、設置、職員、中央審議会、管理委員会、学長、教授会、学位、財政、文部省等について規定し、「大学法（仮称）」として国立

大学はこれに依り、監督される。大学の管理運営に関わる事項として、①中央審議会、②管理委員会、③学長等について規定された。①では、中央審議会委員として15名（国公立・私立大学の選挙で選ばれた学長各３名、衆・参両院文教委員会から任命された各１名、国会の承認により文部大臣が任命した７名）から構成され、全国大学教育の一般方針、大学教育に関する法律の改正、大学の設置廃止、大学授業料等の最高額、大学の施設設備の改善等に関して勧告権を有する。②については、委員として国家代表（３名）、都道府県代表（３名）、同窓会代表（３名）、教授代表（３名）、学長で構成され、「管理委員会は、大学の組織及び行政に関し、学術、経済両面の一般方針を定める権限を有する」とされる。③「学長は管理委員会に対して直接責任を負う」とされる。「試案要綱」の肝となるのは「管理委員会」の設置であると言っても過言ではない。戦後の大学管理法問題が本格的段階に入ったとされ、これに対して伝統的なアカデミーの自治と素人（レイマン）による大学支配をめぐって全国的な反対運動が起こり、さらに対案闘争 [11] にまで発展したこともあり、国会上程中止となった。とはいえ、文部省は1949年に「国立大学管理法案起草協議会設置要綱」を制定し、国立大学管理法案を作り直すために大学管理起草協議会を設置し1951年「国立大学管理法案」を国会に提出した。以後1970年代にかけて数度に及ぶ大学管理法問題が発生した。

　1950年には朝鮮戦争が勃発、来日した第二次アメリカ教育使節団の報告書 [12] は（同年８月、文部省「日本における教育改革の進展」報告書が本使節団に提出された）実務的報告のような性格であり、第一次使節団の大学の運営における教授および教授団の位置と役割をひっくり返して、「本使節団は、この教授による統制制度は、日本における高等教育を改善するために、修正されねばならないと信ずる。本使節団は、各高等教育機関が、その支持者を代表する男女からなる政策委員会を持ち、しかも、その委員は、全部でないにしても全部でないまでも大部分が他のいかなる公式資格においても、その機関と関係のないようにすることを勧告する」と学外者による素人支配を主張した。よく知られているように、社会教育の項では「極東において共産主義に対抗する最大の武器の一つは、日本の啓発された選挙民である」と述べ

ており、本報告書の政治的思惑は明らかであった。

1951年になりサンフランシスコ講和条約の成立、日米安全保障条約の締結など日本の進路変更が図られるなか、吉田茂首相の私的諮問機関として「政令改正諮問委員会」が設置され、戦後の民主的な諸制度を「再改革」することになり、その一環として「教育制度改革に関する答申」が出された。本答申に当初政府はあまり評価していなかったようであるが、のちに「ボデーブロー」のように影響を与えたとされる[13]。答申は戦後学校体系の6・3・3・4制は原則として維持するというもののそれぞれの内容については修正するとし、大学制度については4年制の普通大学と2，3年の専修大学の分離、後者は専門的職業教育を主とするもの、教員養成を主とするものに分け、前者については学問研究を主とするもの、高度の専門的職業教育を主とするもの、および教員養成を主とするものに分けると提案したことが注目される。これに呼応するかたちで財界は中央教育審議会の早期発足、そのもとでの新教育制度の再検討、特に実業教育の充実、「新大学制度の根本的検討」を求めた[14]。

(2)中教審設置から臨教審・大学審まで

1952年6月に文部省設置法一部改定によって設置された中央教育審議会（中教審）は、教育・学術・文化に関する基本的重要施策について文部大臣の諮問に応じて調査審議し、および建議するとし、文部大臣の任命により任期2期20名以内の委員、必要に応じて臨時委員、専門委員で組織するとされた。中教審は戦後教育立法の礎を築いた教育刷新審議会に代わって（cf.教育刷新審議会廃止令）設置されたが、その性格は大きく変化していた。政府は日本学術会議など教育学術に関する団体から選挙人を選び、その選挙人が定員の倍数の委員候補を選ぶという間接選挙方式の提唱を無視し、文部大臣任命の委員で構成することにした。教育の現場にあって重要な役割を果たす教師集団からの参加を拒否し、実質的には文部省の事務局の操作によって動かされる御用審議会が誕生した。第1次中教審は財界代表から政界入りした岡野清豪文部大臣のもとで1953年1月に発足したが、任命された委員は石川一郎（経団連会長）、藤山愛一郎（日商会頭）、原安三郎（日本化薬社長）、諸井

貫一（秩父セメント社長）など独占資本を代表する人物であり、学者では矢内原忠雄、小泉信三、天野貞祐などにすぎなかった[15]。

　ところで、1953年には日米関係で「防衛」に関して池田・ロバートソン会談が行われ、教育にとっても重大な約束が交わされた。「会談当事者は日本国民の防衛に対する責任感を増大させるような日本の空気を助長することが最も重要であることに同意した。日本政府は教育および広報によって日本に愛国心と自衛のための自発的精神が成長することに第一の責任をもつものである」[16]。戦後改革に対する「再改革」の方向がこの時期に形として整えられたと言ってもよい。会談内容にも示されているように日本国憲法の「改正」が現実的に困難な状況の下での支配層の選択が「教育」であったと言えよう。

　一方、1950年代初めに日米関係が変化する中で大学にあっても学問の自由と大学の自治に関連する重大事件が起こった。いうまでもなく東大ポポロ事件である。詳細は省くが、東京地裁、高裁判決では、現職警察官が大学構内において無断で行う情報収集等の警察活動は憲法違反であるとし原告無罪の判決を下した。これに対して、最高裁は学生の活動を「実社会の政治的社会的活動」「公開の集会またはこれに準ずる」と断じ、原判決の「学問の自由に関する規定の解釈の誤り」「大学の自治の限界について解釈の適用を誤った違法」として無罪判決を却下、第一審に差し戻した（1963年）。最高裁は、学問の自由・大学の自治についての解釈および限界を強調することで、逆に学問の自由と大学の自治に箍をはめることになったと言えないだろうか。

　中教審は1954年の教育の中立性維持に関する答申を決定し、政府は「教育二法案」「義務教育諸学校における教育の政治的中立の確保に関する臨時措置法」、「教育公務委員特例法の一部改定」を決定）を国会で可決、公布（同年6月）した。政府は、教育の「中立性」の名のもとに大学を含めて「政治的」と目される活動の抑制を図ろうとした。大学に対する政府・文部省の規制的役割を強化する方向は、大学管理法問題のような治安政策的なものだけでなく、1956年の「大学設置基準」の省令化に見るように、それまで民間の大学基準協会が大学の総意を結集して自主的に作成、維持してきた大学基準（大学の理念・目的に則った基準）を、文部省が大学の設置認可のために作

った基準を省令化して法的拘束性を持たせたことも注目される。また、日経連、経団連など財界団体からは大学における専門職業教育の強化、科学技術者養成拡充、それに向けた大学制度の在り方の改編（「専科大学」など）の要求も頻繁に出された。1960年に文部大臣は「大学教育の改善について」を諮問した。

　中教審は、1962年に「大学の課題および組織編制について」、「大学の管理運営について」などの中間報告を出し、63年に「大学教育の改善について（最終答申）」を公表した。大学の組織編制については、大学の目的・性格に応じて種別化[17]することを提案した。他方、大学の管理運営については、池田隼人首相が講演で強調したこともあり、答申原案で文部大臣の学長拒否権まで示唆していたが、中間報告では削除された。答申では「大学には社会制度として課せられた国家社会の要請と期待に応じる責任ある管理運営が必要」と述べ、学内管理体制の確立[18]、および大学と産業界との連携を図る「学外者を加えた機関」の設置を提案した。中教審63年答申では、大学を「社会制度」と位置づけており、学問研究・教育の場としての特性を平準化し「国家社会」に貢献することを優先的に求め、組織運営についてヒエラルキー的関係の秩序化（教授会の形骸化が顕著）や「産学共同の推進」が目指された。これに対して大学関係者（国大協、大学基準協会、学術会議、日教組大学部など）からの批判があったことは言うまでもない[19]。

　1960年代後半になると日大闘争、東大闘争をはじめ「大学紛争」が全国的に広がった。高度経済成長のもとで大学の「大衆化」が進行し、大学内在的な矛盾に端を発したが、大学と国家・社会の関係の変化もあり、特異な形で世界規模での紛争事態に続くことになった。政府は1969年5月、大学紛争を鎮静化するために「大学の運営に関する臨時措置法案」を国会に提出し、まともな審議なしに強行採決した。それに先立ち、ともかくも中教審に「当面する大学教育の課題に対応するための方策について」を諮問し、答申を受けている。なお、財界からも大学問題に対する見解が発表されている[20]。

　臨時措置法案は「大学紛争」を大学の管理に属する施設の占拠又は封鎖、授業放棄その他の学生による正常でない行為により大学における教育、研究そ

の他の運営が阻害されている状態と定義づけた（第2条）。中教審は、その根底にある要因として「既成の政治的・社会的体制への不信、経済的には豊かな社会における人間疎外、高度に技術化された社会における人間疎外など」を挙げている。そして「第五　当面する大学紛争の終結に関する大学と政府の責任」の項で、大学に対しては、紛争状態が相当な期間続く場合、大学の意思決定とその執行権限を適当な大学管理者に集中すること、事態の収拾に当たるため学内の協力体制を乱すことをやめようとしない教職員の職場からの一時排除などを進言し、政府に対しては、「大学の自治能力の回復とその自力による紛争の終結を助けることを主眼として」、「大学のとるべき措置について大学管理者に勧告すること」、妨害を排除して教育・研究の再開に専念するため、「大学の設置者が6か月以内の期間休校または一時閉鎖することができるようにすること」、この場合「第三者機関」を設ける必要があるとした。臨時措置法案では、その目的を「大学紛争が生じている大学によるその自主的な収拾のための努力を助けることを主眼」（第1条）としつつ、①「運営機関等の特例」（第6条）として学長の専決権ないしは権限集中を規定、②文部大臣は紛争の収拾および大学運営の改善のため講ずべき措置について勧告し、大学における研究・教育の機能停止のための措置を学長に指示（第7条）、さらに紛争状態が長引く場合には国立学校設置法の改正の権限（第9条）、③紛争大学の入学者選抜等の協議（第11条）、④文部省に「臨時大学問題審議会」の設置などが規定されており、これまで政府・文部省が追求しながら実現できなかった文部省の大学行政権の強化が際立っている[21]。そもそも中教審の紛争要因に対する認識と大学と政府に対する責任の取り方の間にはズレがあり、大学管理法問題の非常事態版的な方策であり、これでは大学紛争を鎮圧できても混乱をもたらし真の解決には至らない提案（例えば、東京大学入試の中止（1969年）、自主的解決を目指した東大「確認書」をめぐる政府・文部省との攻防）だったと言えよう。また、「臨時」措置法にもかかわらず、大学紛争「終結」後も2001年まで廃止されなかったことは注目に値する。

　大学紛争等によって後回しになっていた中教審「今後における学校教育の拡充整備について」の諮問に対する答申（「高等教育の改革に関する基本構

想」）が公表されたのは1971年である。中教審71年答申・基本構想は同63年答申を継承しながらより包括的・体系的に展開している。大学制度と管理運営についてのみ概述する。大学の種別化については5種8類型[22]に構造化している。また、管理運営については新たな論点も提示されている。答申では、大学の管理運営の合理化として学長・副学長を中心とする中枢的な管理機関による計画・調整・評価の機能を重視するよう改善すること、人事の閉鎖性を防止するため教員人事や実績評価に学外の専門家の参与などが提起された。また国・公立大学の管理運営に関する制度的な改革として、教授会を軸としたこれまでの学内運営が「大学の自律性と自己責任」をもって管理運営されるようになることを妨げているとし、「学内管理の合理化と新しい理事機関の設置または大学の法人化のために必要な法制の整備の促進」を掲げていた[23]。大学紛争を経て大学の自主的・自律的な改革が起こり得ることに対して、中教審ではこれを回避・防止するための方策として積年の大学管理機関の確立・強化ないしは大学の法人化の推進という新たな提案（「公的な性格をもつ新しい形態の法人」と表記）が重要課題とされたと言えよう[24]。

さて、1980年代になると規制緩和・市場化・民営化を基調とする新自由主義の潮流が日本にも押し寄せた。憲法改正を謳って登場した中曽根康弘内閣総理大臣は、1984年にいわゆる「教育臨調」として臨時教育審議会（臨教審）を設置し、「憲法の精神にのっとり」という現実的な対応に切り換えて教育（大学）の構造改革に乗り出した。臨教審は4つの部会で構成し、大学・高等教育に関連しては第4部会（会長　飯島宗一名古屋大総長）が設けられた。臨教審では当初改革理念として新自由主義的な「自由化」論が提起、激論が交わされ、特に初等中等教育関連で意見がまとまらず「個性重視の原則」と言い換えることにした。第4部会では「自由化」論に必ずしも抵抗がなかったようである[25]。答申は全体で4次にわたって提出され、高等教育関連も課題ごとに順次提示、第四次最終答申で総括的に整理されている。課題別に、①高等教育の高度化・個性化、②大学入学者選抜制度の改革、③大学入学資格の自由化・弾力化、④学術研究の積極的振興、⑤ユニバーシティ・カウンシル（大学審議会─仮称）の創設、⑥高等教育財政、⑦大学の組織・運営の

改革、⑧大学の設置形態などである。①、⑤、⑦、⑧についてのみ補足しておきたい。①では高等教育機関の「多様化・個性化」という形で71年答申の種別化構想を位置づけ直しており、⑤は高等教育のあり方を基本的に審議し、「大学に必要な助言や援助を提供し、文部大臣に対する勧告権をもつ恒常的な機関」として「ユニバーシティ・カウンシル」を設置するという提案である。⑦は「大学における自主・自律の確立」というキャッチフレーズのもとに71年答申を継承しながら強化する形で、国立大学の学長、学部長のリーダーシップの発揮、教授会や評議会の合理化とともに、「開かれた大学」として学外者の参加による諮問の機関ないしは組織の設置を提示している。⑧については第三次答申に当たって第4部会内に大学の組織運営に関する研究会（座長　新野幸次郎神戸大学長）を組織して、設置形態についても検討（特殊法人など）したが、国立大学等に代わる適当な設置形態は見当たらないとして将来の検討課題とした[26]。臨教審の高等教育改革は自由化論の影響を強く受けているが文部省の統制機能の働く中でのいわば「方向づけられた自由化」[27]と言えよう。

　臨教審第2次答申で提案されたユニバーシティ・カウンシルは「大学審議会」という呼称で1987年に設置された。大学審議会は2001年に廃止されるまでに、28件の答申・報告を公表した。建議はなかったものの、多岐にわたる答申等を出しており、現代日本における高等教育の基本的問題を論じていると言えよう。それらは大学教育部会、高等教育計画部会、大学院部会、基本構想部会（前身；高等教育将来構想部会）、マルチメディア教育部会、組織運営部会などのほか、大学入試、短期大学教育、高等専門学校などの専門委員会が設置、廃止される中で審議された。特に「21世紀の大学像と今後の改革方策について―競争的環境の中で個性が輝く大学―（答申）」（1998年10月）が大きなインパクトを与えた。特に答申の副題が改革の基本理念とされ、各大学の「生き残り」をかけた「改革」へと誘導した。ここでは、①21世紀初頭の大学像、②組織運営体制の整備、③多元的評価システムの確立と資金配分の結合に絞って見ておきたい。①各高等教育機関（大学、大学院、短期大学、高等専門学校、専門学校）における学校種ごとの「多様化・個性化」が

提示される。大学については、それぞれの大学の理念・目標に基づき、総合的な教養教育の提供を重視する大学、専門的な職業能力の育成に力を置く大学、地域社会への生涯学習機会の提供に力を注ぐ大学、最先端の研究を志向する大学、学部中心の大学から大学院中心の大学までなど、に多様化・個性化を図る。これは中教審63年答申以来の種別化構想の延長線で位置づけられている。②「責任ある意思決定と実行」のために組織運営体制の整備が求める。「大学の組織運営については、大学の主体性と責任を基本としつつ、教育研究の学際化・総合化、社会との関係の緊密化等の大学に対する今日的要請にこたえ得る、開放的で積極的な新しい自主・自律体制を構築することが重要である」とした。具体的には、学内の意思決定の機能分化と連携協力の仕組みを明確化すること、および社会の意見聴取し、社会に対して責任を明らかにする仕組みを整備する。前者は大学の運営と教育研究を機能分担と連携協力の関係を明らかにするという観点から、学長を中心とする大学執行部の機能、全学と学部の各機関の機能、執行機関と審議機関との分担と連携、審議機関の運営の基本等の在り方を明確化すること、後者では大学の教育研究の目標・計画、予算、自己評価などの事項について外部有識者の意見を聞くため、大学運営協議会（仮称）を設けることを提案した（国立学校設置法一部改定（1999年）により各国立大学に「運営諮問会議」設置）。これも中教審63年答申を踏襲したものと言えよう。③多元的評価システムの確立というのは大学審の新たな提案である。評価については教員評価等という形で出されていたが、評価システムとして構造化・制度化するというのは初めてであり、大学の運営や資金配分に深く関わっている。「世界のトップレベルの大学と伍して発展していくためには、それぞれの大学が、教育研究の個性を伸ばし質を高めるための環境を整備することが重要」とし、「自己点検・評価」（大学設置基準で制度化（1991年）、学校教育法へ移行（2002年））、「第三者価システムの導入」（学校教育法で認証評価および認証評価機関の法定（2002年）：国立大学法人法で国立大学法人評価委員会による評価（2003年））などを通じて多元的な評価を行うとした。政策的には「選と集中、自己責任原則」のカギになる制度であった。なお大学審議会が答申において国立大学等の法人

化問題について特に触れなかった[28]。

　ところで、大学審議会と大学改革について次のような回顧がある。「諮問を応えて『21世紀の大学像』答申が出されたのが1998年。その大学審議会の棹尾を飾る答申も、激動する時代を予見し、先取りするには至らなかった。激変した政治状況は大学審議会自身の存続を許さず、2001年には大学分科会として中央教育審議会に吸収統合され、姿を消す。そして、それとともに、大学改革は、大学審議会が理想とした大学と大学人自身による自主的で主体的なそれから、文部省、というより、政府・官邸主導の改革へと大きく転換していく。」[29]

(3)中央省庁再編後の政策形成・決定過程の変容

　2001年には、中央省庁等改革基本法（1998年成立）に基づき中央省庁再編および独立行政法人制度の導入という国家構造改革が断行された。重要な柱の一つとして内閣機能を強化するために内閣府が新設され、「司令塔」的な役割を持つ統治機構を作ったことである。特に政策形成・決定過程について言えば、首相のリーダーシップを発揮するために「重要政策に関する会議」（経済財政諮問会議、総合科学技術・イノベーション会議、国家戦略特別区域諮問会議など）を設置（内閣府設置法18条）し、官僚主導から、官邸・政府による政治主導に切り換えたことである。そして、文部省は科学技術庁と統合して文部科学省となり、大学審議会は廃止、中央教育審議会の大学分科会として吸収統合された。「大学審議会の後身である今の大学分科会には、もはやユニバーシティ・カウンシルの残影を見ることはできない。政策や改革の方向性を議論するよりも、官邸設置の実行会議や有識者会議などと呼ばれる様々な『会議』で決められるそれを、実施レベルで具体化するのが、大学分科会の主要な役割と化しているように見える」[30]と指摘される状況である。また、独立行政法人制度は行政改革の一環として、行政組織の企画立案機能と実施機能を分離し、実施部門を独立行政法人化するというもので、行政のスリム化、効率化を切り札として、独立行政法人通則法（1999年）に基づいて推進された。独立行政法人制度は学術・文化・教育などには適さない組織原理であり、先述したように文部（科学）省は当初反対したものの、結

局「国立大学法人」という形で導入することを容認した。基盤となる組織原理は通則法に立脚しており、国立大学法人は行政改革の一環として実施・運営されることは明白であった。

　2013年、第2次阿部内閣が復活すると内閣府設置法による会議だけでなく、総理の私的諮問機関として教育再生実行会議や、日本経済再生本部の下で「世界で最もビジネスができやすい国」と称して産業競争力会議（→未来投資会議2016年）などの「会議」が矢継ぎ早に出され、経済財政諮問会議等に連動しながら大学「改革」に対しても政策的圧力をかけてきた。社会の「有識者」の声を聴くという名目で作られた幾多の「会議」は総理が任命する関係閣僚等に財界代表と御用学者の数名を加えたものであり、そこから出される事実上の「決定」を受けた中教審大学分科会などは自主的で専門的な判断で議論できるかは疑義を免れない。そして「政策」の公正性、公平性は担保できるだろうか。

　ところで、2013年に久しぶりに出された「経済財政運営と改革の基本方針―骨太の方針2013」（閣議決定）では、日本経済の再生を謳い、「三つの矢」（①大胆な金融改革、②民間投資を喚起する機動的な財政改革、③成長戦略＝日本再興戦略）を掲げ、その一環として教育再生の推進を打ち出して、大学の国際化によるグローバル化に対応する人材の強化、ガバナンスの強化による大学改革とその教育研究基盤の確立を通じた教育研究の活性化など、未来への飛躍を実現する人材の養成を行うとした。大学における教育研究の活性化や人材養成をもっぱら経済再生に向けて動員するために、ガバナンスの強化による大学「改革」が国策として位置づけられた。本閣議決定（6月）に先立ち（5月）教育再生実行会議が第三次提言「大学教育等の改善について」を出しており、その項の1つに「大学のガバナンス改革、財政基盤の確立により経営基盤を強化する」を掲げ、特に「抜本的なガバナンス改革」のために「学校教育法等の法令改正の検討や学内規定の見直し」を求めていた。そして、翌2014年2月に中教審大学分科会が「大学のガバナンス改革の推進について」を提出し、「各大学が、国内・国外の大学間で競い合いながら、人材育成・イノベーションの拠点として、教育研究機能を最大限に発揮してい

くためには、学長のリーダーシップの下で、戦略的に大学をマネジメントできるガバナンス体制の構築が不可欠」としたのである。そのための方策として、①学長のリーダーシップの確立、②学長の選考・業績評価、③学部長等の選考・業績評価、④教授会の役割の明確化、⑤監事の役割の強化を提起された。なかでも③と⑤が法令改正を要するに留まらず、大学の基本的なあり方に関わる重要事項であった。この時期に大学のガバナンス改革が強調されたのは、第三期中期計画の時期を迎えるに当たって、2004年の国立大学法人化の際に行われたはずのガバナンス変更が不十分との認識が財界や政府・官邸にあり、「大学改革」支援の名のもとにガバナンスを強化・徹底するために財界・官邸主導で実行されたと考えられる。

3．公正・公平の大学行政を求めて—新自由主義からの脱却

⑴新自由主義大学行政の顛末

　これまで見てきたように大学政策は、戦後の一時期を除いておおむね経済産業政策に追随する形で政策形成されてきたが、特に1990年代後半以降、新自由主義が本格的に政策稼働し始めると、学問の自由と自治はおろか大学の自主性・自律性すら「選択と自己責任」原則に置き換えられてきた。これを国家と大学の関係でみれば、政策形成過程における諮問機関は中教審、臨教審（高等教育関連）、大学審までは大学政策の自律性は制御されたものの民主性はともかく、多少とも専門性は担保されてきた方であろう。しかし、現在では「護送船団方式の大学行政を見直す必要」が主張され、大学改革に関する議論・検討は中央教育審議会（大学分科会）、経済再生諮問会議、総合科学技術・イノベーション会議、未来投資会議、自民党教育再生実行本部が舞台になるべきだと言う[31]。これでは、政策形成・決定における民主性も専門性も担保されるであろうか。大学政策を効率化と効果化を基準とした経済原理に一元化するものと言わざるを得ず、教育基本法7条2項に言う「自主性、自律性その他の大学における教育及び研究の特性」の尊重にも反することになる。

　ところで2014年学校教育法等の一部改定、2015年実施により、大学の「ガバナンス改革」は一応の終結を見、新たな段階に進んだと言える。2016年度

からは国立大学第3期中期計画、第5期科学技術基本計画が始まる時期と重なっている。2018年11月、中教審「2040年に向けた高等教育のグランドデザイン（答申）」が公表される。答申の主な論点は、①2040年に必要とされる人材と高等教育の目指すべき姿、②高等教育と社会の関係の整理、とされる。①については、基礎的で普遍的な知識と汎用的な技能を文理横断的に身に付けること、そのための全学的な教学マネジメントの確立、②については、教育と研究を通じて、新たな社会・経済システムを提案、成果を還元する「知と人材の集積拠点」としての機能（特にイノベーションの創出、科学技術の発展）を強化すること、が求められる。これらはこれまでの大学像（観）を根本的に転換するものと考えられる。そのために、「多様性を受け止める柔軟なガバナンス等」が必要として、国立大学の一法人複数大学制の導入、私立大学の経営改善に向けた指導強化・撤退を含む早期の経営判断を促す指導、国公私立の枠組みを越えて、各大学の「強み」を活かし連携を可能とする「大学等連携推進法人（仮称）」制度の導入、学外理事の登用などが提起されている。これは2040年以降に予想される18歳人口（大学進学者数も）減少傾向、Socety5.0、科学技術基本計画等への対応として大学数を淘汰する一方、グローバル化と地方創生のための仕組みづくりとしても期待されている。また、学外理事の複数登用はかねてからの財界からの要望でもあり、大学（間）のドラスティックな再編・統合への経営判断が欠かせない。前出の経団連2018年「提言」では中教審答申よりももっと端的に要求が出されている。なお、中教審に先立って政府の諮問機関である人生100年構想会議、未来投資会議、経済財政諮問会議などを経て閣議決定されていたことは言うまでもない[32]。

　ところで中教審答申には2040年頃の社会変化として、IoT、ロボット、AIを社会生活に取り入れて「経済発展と社会問題の解決を両立させる」Society5.0という未来社会論、IoT、AI、ビッグデータのイノベーションによるICT（情報通信技術）の発展を基にした第4次産業革命、科学技術を「イノベーションの創出」と軍事利用するために大学・研究機関を総動員する「科学技術・イノベーション基本法」（2020年6月、科学技術基本法の一部改定）、市

町村ではなく連携中核都市圏、自立定住圏などに改編し住民サービスも共通化、標準化、産業化し、AI、ロボットや民間企業に委ねる地方制度改革として「自治体戦略2040構想」が想定されている。まさに新自由主義構造改革の延長上の構想であり、大学・高等教育も例外ではなく経済成長の駆動力として拠点化が図られる。そこにはこの間のコロナ禍でも明らかになっているように、世界的・地球規模的な変化や国内外の格差拡大と貧困には目もくれず、多国籍企業や大企業のグローバル競争での生き残りと利潤追求に汲々としてきたことに対する反省や批判は微塵も見られない。このような状況下で、「加計学園問題」（「総理の案件」として獣医学部設置問題）や大学入試「改革」問題（英語民間試験・数学「記述式」の導入中止、「主体性評価」の特定企業請負問題など）に代表される大学・高等教育行政の私物化、恣意化が発生したのも偶然ではない[33]。現実の政策行政過程の認識は別として、国立大学法人化をはじめ新自由主義大学改革は破綻したと言っても過言ではない[34]。

(2)大学行政のもう一つの選択肢

　新自由主義大学改革がまかり通るようになってからすでに四半世紀が経ち、当初から予測されていた問題や弊害が露呈し、大学破壊（崩壊）ともいうべき状況が進む中でその破綻が公然と指摘されるようになった。財界・政府官邸は権力と金力、人脈を駆使してその延命を図ろうとしていることも厳然としている。その中で現在の「大学改革」とは異なるもう一つの選択肢が模索されていることも事実であろう。

　前出の『検証　国立大学法人化と大学の責任』を著した3名の元学長は、新たに『2040年　大学よ甦れ──カギは自律的改革と創造的連携にある』を問うている[35]。「本書は、前著の単なる続編ではなく、持続可能な人類社会と地球環境をめぐる近未来の多様で複雑な解決課題に対応しうる、「知の拠点」たる大学を国民の手に取り戻す「座標系」と、その先に広がる実現可能な道筋をさぐる試みである」[36]とする。本稿でも見てきたように権力による大学の再編・統合に向けた動きには、注視する必要はあるが、今日の、大学が抱える構造的な歪みや脆弱性を根本的に解決することにならないであろう、と鋭く指摘している。そして「大学再生への道」を、「大学キャンパスが生き

生きとした教育現場として「研究の量と質」が国際的にも誇りうる地位を確保して、大学本来の「活力」を取り戻すには、ひたすら財界の意に沿った政府・文科省型の「改革」の方向ではなく、教育研究の「基礎的な力」を支える人的・財政的資源の安定的確保の上に、大学自らの主体的な判断と構成員の合意に基づく自律的な改革を可能にする道を手にすることである」[37]と喝破する。厳しい道のりではあるが、日本の大学が真に甦るにはこの方向を選択する決断が必要であろう。本書では、①大学「改革」の新次元、②ポスト法人化へのパースペクティブ—2つの将来像、③大学教育を見直す、④研究力低下をどう見るか、⑤事務職員の力を生かした大学へ、⑥誰にとっての自主・自律か、など多角的に論じられている。本稿では、⑥（・文科省の誤算、・大学はどこまで自主性をもちえるか、・教授会の活性化、・国大協の新たな役割、・国立大学法人法を見直す、・運営費交付金の問題は削減だけではない）の国立大学法人法問題にのみ着目したい。「見直しの第一は、教育研究を担う大学にそぐわない独立行政法人通則法を準用した法人制度の仕組みにある。その核心部分は、文科省が大学の業務運営に関する中期目標を「定め」、目標達成に向けた中期計画を「認可」し、それら目標・計画の達成状況と業務実績を国の機関（評価委員会）が「評価」して、その結果を運営費交付金など資金配分に反映させるという「目標管理システム」である」[38]と。正鵠を射た指摘であろう。その上で、中期目標は原則「届け出」制に、年度計画は複数年度化へ、評価の基本問題とあり方などが提起されている。この提案は中期的展望の中での有力な処方箋であると考えられる。より長期的には、独立行政法人制度の枠組みを取り払い、新たな法人格を設計するか、設置主体を国に戻し国立としながらもより高度な自律性を確保し得る組織（新たな公共体）を構想する必要もあるのではないだろうか。そこでは国家と大学との関係が重要な論点になる。

　戦後改革期には国家と大学の根本的な転換を図るべく出発したものの、間もなく大学管理法問題も登場する複雑な様相を呈したが、その過程で第一次アメリカ教育使節団報告書をはじめ教育刷新委員会、日本学術会議などの活動や大学関連団体等の諸提案から何らかのヒントはないか、振り返っておこう。

　第一次使節団は高等教育についても重要な提案をしており、なかでもすで
に述べたようにアカデミック・フリーダムの概念を①個々の大学教授の研
究と教授の自由の側面と②アカデミー自体の自由の側面から捉え、②の側面
では設置認可行政と水準向上行政に分けて、前者については文部省ではなく
「ある政府機関」が責任を持つように求め、後者については文部官僚ではな
く「高等教育機関の協会」が責任を持つべきとした。これ以上に詳しい制度
設計は見当たらないが、アカデミーの自律性を確保するために国家特に文部
省からの自律性を求めていたことは理解されよう。

　教育刷新委員会は大学関連の建議を３回出している（「大学の地方移譲、自
治尊重並びに中央教育行政の民主化について」（第９回建議1947年）、「大学
の自由及び自治の確立について」（第16回建議、1948年）、「大学法試案要綱
について」（第26回建議、1948年））。ここでは中央教育行政の民主化と大学
行政に注目したい。1947年にはまだ文部省の帰趨は明確ではなかった時期で
ある（文部省設置法1949年）。大学の地方移譲案に関しては全面的には「不
可能」とし、移譲する場合は官僚的統制と中央集権を避けて地方の民主化を
図る方法を講じることとし、教育を民主化しかつ広く国民文化の向上を図る
ため中央教育委員会を設置するとともに、新たに文化省（仮称）を設け学校
教育、社会教育、体育、学術、芸能、宗教その他文化に関する一切の事項を
管掌し、現在の文部省をこれに統合することとした。特に大学については自
由と自治を確立する必要があるとし、大学は従来のごとき政府の官僚的統制
と圧迫を排すると同時に、学問に対する理解を欠く社会的勢力の干渉を防止
しなければならないとした。もとより大学の自由が無責任に流れ、自治がそ
の範囲を逸脱してはならず、適正な運営が求められる。文部省「試案要綱」
に抗して中央教育行政委員会とは別に国立大学に関する重要事項を審議決定
するため「国立大学教育委員会」（日本学術会議推薦、衆参両院文教委員会、
学識経験者で国会の承認・文部大臣が任命）の設置を求め、各大学には「商
議会」（監理委員会に相当するもの）、学長、教授会・評議会を置くとした。

　大学法の東大修正案（1948年）では、文部省「試案要綱」の大学の目的規
定を批判して設置所在都道府県の応用研究だけでなく国家の全体的立場から

学理と応用の両面を研究、教育することを使命とすることを求め、大学の行政機構として全国的中央機関として国立大学委員会（国立大学長の互選、衆参両院各文教委員、国会で承認した文部大臣任命によるもの、日本学術会議推薦によるもので構成、議決機関）を置くとし、各大学に審議会（一般代表、同窓会代表、教授代表及び学長で構成）、評議会及び教授会を置くとした。なお「大学法試案に対する国立大学総長会議の見解と代案」（1949年）で同旨の提案が見られる。

　全国学生自治会連合会（全学連）執行委員会が大学法の学生案を出している（1948年）。そこには、大学の目的、組織に続いて、「大学に関する中央機関」として中央大学委員会の設置（全国一区で公選された委員30名で構成）、「各大学機関」として①大学自治組織（教職員代表、学生代表各同数からなる50名ないし100名の代議員で構成する大学運営の最高意思決定機関）、②各学部自治評議会、③総長又は学長を置くとした。

　日本教職員組合（日教組）は「大学法試案（第二次案）」（1949年）を臨時大会で決定した。大学行政に関連しては、国立大学は「大学委員会」（全国一区による公選。ただし学術会議7地区の各最高得点者3名は優先的に当選）が審議決定し、公私立大学では大学委員会が設置を認可するとした。各大学レベルでは、最高意思決定機関として「全学自治組織」（総長、選挙による教員・職員代表、学生代表、大学院・専攻科・別科学生・聴講生代表で構成）を設置、その執行機関として運営委員会を置くとした[39]。

　それぞれの提案には大学法としての目的・性格や成熟度に違いはあるが、いずれの提案も戦前の官僚統制と大学に介入する社会的勢力から距離を取ろうと言う意図が込められている。いくつかの特徴を挙げると、①国レベルの大学行政に関して文部省に掌握させるのではなく、国立大学委員会、大学委員会のようなものを設置し、設置認可をはじめ大学の政策形成・決定を行う組織体を構想し、②その組織の構成はそれぞれ異なり、全国一区の公選から日本学術会議の推薦、国会両院文教委員会や国会が承認し文部大臣が任命したもの等があって、構成のあり方によっては委員会の性格も違ってくる、③各大学レベルでは、大学管理機関ないしは類似の機関を置こうという案とそれ

らを排しようとする案があり、設置する場合もその構成の仕方には文部省案とは異なる案や、少数ではあるが自治組織で行おうという案もあり、教授会に属しない職員、学生等の代表で全学自治組織を設ける案があったことなどが指摘できよう。しかしすでに見たように、文部省「試案要綱」は国会で廃案になったものの、学校教育法や文部省設置法の制定により、文部省がある意味で復権する中で、これらの諸案も立ち消えになったと考えられる。

　1960年代末のいわゆる大学紛争は、端を発した学生側からすると大学闘争と呼ばれた。すでに半世紀を経過して、その経緯や実態とともに教訓を見出そうとする試みもある。その一つとして東大闘争後50年を振り返り、当時の学生たちが何を目指し、何を得たか、教訓は何かを記した書籍も出されている(40)。全国各地で発生した大学紛争は、・学生寮・学生会館の管理運営、・私立大学の授業料値上げ問題、・大学財政の不正処理、・大学移転とそれにともなう機構改革、・学部学科の統廃合や縮小、・学内紛争に対する警察力の導入などが要因として挙げられる。いずれも大学内在的な問題に端を発していることに注意したい。東大紛争でも医学部学生処分問題がきっかけであった。それが医学部教授会と学生との対立を生み、学生間の対立も生じる中で、1学部に止まらない全学的問題として展開した。内在的な問題に加えて背景には高度成長とその下での大学大衆化や国家・社会と大学の関係の矛盾・相克が大学のあり方に反映していたことから社会問題化することになったと考えられる。東大紛争では、「確認書」という形をとって解決の方向を示したことはよく知られている。「１．大学当局は、大学の自治が教授会の自治であるという従来の考え方が現時点において誤りであることを認め、学生・院生・職員もそれぞれ固有の権利を持って大学の自治を形成していることを確認する。」「２．大学はその構成員の自主的・民主的な意思に依拠して大学の自治を不当な圧力から守る。」（1969年１月東大「確認書」）と。重要なのは「学生・院生・職員もそれぞれ固有の権利を持って」というところにあり、学生、職員も参加する「全構成員自治」という方向性を示したことで、全国の大学への影響も大きいものがあった。しかし、この方向は政府・自民党、財界等の認めるところではなく、やがて大学自治の形骸化、学生自治組織も崩壊す

ることになり、政府・文部省、財界等に「改革」の主導権が移ることになった[41]。

　日本の大学では、大学紛争を自主的、自律的に解決しようとしてもそれを認めようとしない政府や社会的勢力の拒否によって解決できない状況があるだけでなく、学内の構成員の合意が得られないという問題があった。東大闘争では新しい大学の運営組織を生み出そうとし、自らの自主的、民主的な大学の政策・方針を実現すべく東京大学「大学改革準備報告書」の形で提示したが、国家・社会と大学内部という２つの壁にぶつかったと言わざるを得ない。大学の政策と組織を憲法原理に則って社会的諸関係の中で発展させるためには、「大学行政組織の独立性・自律性の確保、個々の大学の自主性の尊重、大学間の協力と調整、大学の自己改革、教員団の自律が課題となる」との指摘は重要である[42]。

　日本の大学問題において国家と大学の関係という問題は、学問の自由・大学の自治を実現する上で格別に重要課題であると考えられる。新自由主義が登場して大学とりわけ国立大学は規制緩和等により大学は自由を手に入れることができると思われたかもしれない。しかし同時に、国家が新自由主義を政策・制度化を進め、「グローバル国家論」[43]に身をまとった新自由主義国家とも言うべき方向へ舵切りする中で、大学はそのツール化されており、身動きできない状態に追い込まれている。一方、この間のコロナ危機に直面して新自由主義国家もその脆弱性を露呈しており、政策当事者が行き先「予測不能」とか「不透明」と公言しながらこれに固執しているのが実情であろう。これまでの国家と大学の関係を大きく組み替え、「大学行政組織の独立性・自律性の確保」という課題を現実化する方途を明らかにすることが期待される。そのことが、国際基準としての学問の自由・大学の自治を擁護、発展し得る有力な課題の一つになるに違いない。

　最後に、大学行政組織が高度な独立性と自律性を確保し得る試案を提示してまとめに代えたい。全国レベルでは、官僚統制と大学に介入する社会的勢力（財界等）から独立性を確保するために、国家等から距離を置く組織として「全国（または中央）高等教育委員会（仮称）」を、戦後の公選制教育委員

会のような①独立行政委員会方式、「学者の国会」とも言われ国家機関であり
ながら独立性を保障された②日本学術会議[44]方式、あるいはかつてのイギ
リスのような③大学補助金委員会（UGC）の拡大版のような自律性の高い組
織などから選択し日本の大学にふさわしい制度設計し、具体化すべきではな
いだろうか。また各大学レベルでは、学生・院生、教職員等の固有の権利を
保障し、重要事項については学生・院生、職員も参加し意見を述べる仕組み
（全構成員の自治）を構想すること必要である[45]。

【注及び参考文献】

（1）文部科学省「大学（国立大学）の構造改革の方針―活力に富み国際競争力のある国公私立大学づくりの
一環として」、いわゆる「遠山プラン」、2002年。

（2）教育基本法7条「1 大学は、学術の中心として、高い教養と専門的能力を培うとともに、深く真理を探
究して新たな知見を創造し、これらの成果を広く社会に提供することにより、社会の発展に寄与するもの
とする。」「2 大学については、自主性、自律性その他の大学における教育及び研究の特性が尊重されなけ
ればならない。」

（3）中教審答申「我が国の高等教育の将来像」2005年1月。機能別分化とは、種別化政策の延長にあり、世
界水準、イノベーション創出、地域貢献に特化し機能強化を図る方策。

（4）閣議決定「教育振興基本計画」2008年7月1日。

（5）中教審答申「新たな未来像を築くための大学教育の質的転換に向けて」2012年8月、教育再生実行会議
第三次提言2013年5月。

（6）中教審大学分科会「大学のガバナンス改革の推進について（中間まとめ）」2014年2月。

（7）文部省「新日本建設の教育方針」1945年。

（8）GHQ「日本教育制度に対する管理政策」など4大指令、1945年。

（9）教科教育百年史編集委員会編『原典対訳　米国教育使節団報告書』建帛社、1975年。

（10）事例的に上げると、対日理事会でのアチソン反共声明、GHQが2.1ゼネスト中止指令、トルーマン・ド
クトリン発表、マッカーサー「日本は不敗の反共防壁」声明、CIE顧問イールズが新潟大学をはじめ全国
各地の大学で共産主義教授追放勧告の講演などである。

（11）海後宗臣・寺崎昌男『大学教育』（東京大学出版部会、1969年）によれば、①東京大学評議会修正案、②
教育刷新委員会の建議、③全国学生自治会連合会案、④日本教職員組合「大学法案」、⑤日本学術会議第2
委員会案などが文部省案に代わる大学法案を対置した。

（12）前出（9）

（13）渡部宗助「中教審答申『大学教育の改善について』（1963.1）考」、『高等教育政策の形成と評価に関する
総合的研究』、国立教育研究所・教育政策研究部、1999年、54頁。

（14）日本経営者団体連盟教育部会「新大学制度の根本的検討」1952年。

（15）野村平爾編『政府・自民党の大学政策』労働旬報社、1969年、111頁。

（16）『大学政策・大学問題―その資料と解説』労働旬報社、1969年、744頁。

（17）大学院大学（原則総合大学で学部の上に博士課程、修士課程＋博士課程、学部を置かない博士課程も）、
大学（主に高い専門職業教育、博士課程は置かない）、短期大学（専門職業教育中心、教養中心）、高等専
門学校（義務教育卒業者）、芸術大学などに種別化。

（18）全学の総括責任者＝学長，学部の責任者＝学部長，評議会は学部の，評議会は全学の重要事項を審議，また学長補佐機関を設置する。なお，1953年の文部省令「国立大学の評議会に関する暫定措置を定める規則」により，評議会の議決権の喪失，評議員の教授会による選出から学長の申し出による文部大臣の任命へ変更された。これは大管法の代替措置的性格を有した。

（19）なお1963年には経済審議会「経済発展における人的能力政策の課題と対策（答申）」において労働力養成を軸とした人的能力政策を展開しており，1963年中教審答申の核的補完として，その後の大学政策にも影響を及ぼした。

（20）日経連「直面する大学問題に関する基本的見解」，経済同友会「大学問題の背景と基盤」1968年により，大学紛争に関する見解と要望を披歴した。

（21）前出（15）。

（22）①「大学」〈総合領域型，専門体系型，目的専修型〉，②「短期大学」〈教養型，職業型〉，③「高等専門学校」，④「大学院」，⑤「研究院」に類型化。

（23）横浜国立大学現代教育研究所編『増補版中教審と教育改革』三一書房，1985年。

（24）なお日本経済調査協議会『新しい産業社会における人間形成』（1972年）が刊行され，1971年中教審答申の補完的役割を果たした。

（25）国立大学長等は大学設置基準による文部省の統制が厳しかったことから，規制緩和・自由化を切望していた背景もある。

（26）拙著『現代日本高等教育行政研究』風間書房，2003年。

（27）平原春好「現代の大学問題と大学改革の方向」日本教育法学会年報第23号，1994年，96頁。

（28）高等教育研究会編『大学の多様な発展をめざしてⅦ─21世紀の大学像と今後の改革方策について』ぎょうせい，1999年。

（29）天野郁夫「大学審議会と大学改革」『IDE現代の高等教育』，2018年5月号，34頁。

（30）同上，34頁。

（31）経団連「今後におけるわが国の大学のあり方に関する提言」2018年6月。

（32）拙稿「財界の大学支配の構造と戦略」『日本の科学者』2019年6月号。

（33）前川喜平・寺脇研『これからの日本，これからの教育』筑摩書房，2017年，前川喜平『面従腹背』2018年，毎日新聞出版。青木栄一編著『文部科学省の解剖』東信堂，2019年。

（34）前出（28）の山際壽一「巻頭言」，有馬朗人「国立大学の法人化について」。田中弘允・佐藤博明・田原博人『検証国立大学法人化と大学の責任─その制定過程と大学自立への構想』東信堂，2018年など。

（35）田中弘允・佐藤博明・田原博人『2040年　大学よ甦れ─カギは自律的改革と創造的連帯にある。』東信堂，2019年。

（36）同上，ⅰ頁。

（37）同上，59頁。

（38）同上，170頁。

（39）前出（10），（15）の各種資料参照。

（40）例えば『歴史のなかの東大闘争─得たもの，残されたもの』本の泉社，2019年。

（41）同上，大窪一志論文，49-52頁。

（42）同上，光本滋論文，278頁。

（43）日本経団連「活力と魅力あふれる日本を目指して」（2003年）は，経団連と日経連の統合後（2002年5月）はじめて「日本経団連ビジョン」として出された日本経団連が実現すべき行動方針とされ，経済面で税制や社会保障制度の見直しを通じ，「民主導・自律型の日本独自の成長モデルを確立」し，社会面では「企業中心の社会から，公を担うという志のある自立した個人を中心とする社会に転換していく」とした。また国際面ではとりわけ東アジア諸国とともに「自由経済圏」を構築し，東アジア全体で連携してグローバル競争に挑んでいくと言う。また日本経団連「Society5.0実現による日本再興〜未来社会創造に向けた行

動計画～」（2017年）では，「課題解決」から「未来創造」を視野に入れており，「industrie4.0」も包含するわが国の新しい成長モデルとして，Society5.0の実現を目指したプロジェクトを日本再興戦略2017等の中に位置づけ官民で推進すべく具体的な行動計画を提言したと豪語している。日本を核とし東アジア圏を包摂したグローバル国家論や，Society5.0の実現という財界の要求が政府の政策に組み込まれ実行に移されていることから見ても，現代日本がグローバル国家論に身をまとった新自由主義国家化していると言えるのではないか。

(44) 菅義偉首相は日本学術会議の会員人事で推薦された6名の会員候補を理由も示さず任命拒否するという憲法にも日本学術会議法にも違反する前代未聞の暴挙を行った。安倍政権時代からの官僚支配，メディア支配，失敗したが検察人事への介入など，政権の意に沿わない人物を排除する官邸による政治支配の構造は改革の対象になることが前提である。

(45) 拙著『岐路に立つ日本の大学―新自由主義大学改革とその超克の方向』合同出版，2018年。

A Study on the Policy and System of Japanese University Administration in post-World-War II

~From a Framework of Academic-Freedom and University-Autonomy

HOSOI, Katsuhiko

Osaka City University

Abstract

The Japanese University System has been changed drastically in the 2004 year. The first change is an abolition of the National University System and an establishment of the National University Corporation System. The Nation has been thrown the University Corporation into market competition mechanism by the name of the "university independence and autonomy". The second change is a turning relation between the Nation and the University. The University has been controlled by the Nation, repressed Academic Freedom and University Autonomy. The National University Corporation was ruined.

We must revive the Japanese University with the middle long perspective. So, we need to reform the National University Corporation fundamentally, and establish the autonomy of all university members which can participate and give students', graduate students', and university personnel's opinion. And it is the most important matter that we have need to secure the independence and the autonomy of the University Administration System from the Nation and another uncontrollable social group.

《研究ノート》

アメリカにおける大学教員養成と
大学院教育に関する研究
―1930-40年代の議論に着目して―

吉田翔太郎 (山梨大学)

はじめに

　本稿の目的は、アメリカにおける大学教員養成と大学院教育に関する議論が1930-40年代にどのように展開されていたのかを明らかにすることである。

　日本の高等教育では、「教授パラダイム」から「学習パラダイム」への転換がおこり、教学マネジメントの確立等、「大学人を第一義的に研究者であると自己規定し、研究成果の披瀝が最高の教育であるとする」である「フンボルト的大学観」からの変化が求められている[1]。

　一方、日本の大学教員の研究志向は依然として諸外国よりも高く、教育と研究の両立が困難であると感じている教員が多い (福留2011:25)。高等教育が「ユニバーサル化」し、学生の学力等が多様化している現在、FD実施の義務化など、研究志向の大学教員を教育志向に向かわせるという、教育と研究を二項対立的に捉えた「規範主義的」な諸施策が進められている (福留2013)。その中で、研究や学問の論理から切り離された教育が行われることへの危機感が表明され、大学教育において、教育と研究の関係をどう位置づけるかが課題となっている (舘2007；両角2019)。

　教育と研究の主要な担い手である大学教員は、初等・中等教育教員とは異なり、必須とされる資格がなく、全国的な養成計画が存在しない特殊な専門職であるが、主として大学院教育と学位が実質的な養成システムと資格に当

たると考えられている（石井 2009:64）。本研究では、大学院教育から始まる「職業的社会化」の過程として大学教員養成を論じる重要性を指摘した羽田（2015）を参考に、大学院教育における大学教員の養成に着目する。

　大学院は19世紀後半にアメリカで誕生した世界最大の「研究者」養成システムである（福留2012:238）。日本にもほぼ同時期に旧東京大学に学士研究科が、そしてその後進の帝国大学に大学院が設置されたが、法令上研究機関として位置付けられ、かつ、実質的な教育機能を備えておらず、大学院の修了と学位授与は連動していなかった（伊藤1995:18-22; 岩田2011:121）。戦後改革期には、占領軍の指導下、「課程制大学院」に基づく「研究者」及び「教授者」の養成を目的とするアメリカモデルの新制大学院が導入された（海後・寺崎1969:299-305）。しかし、その実態は徒弟訓練的な研究指導による「研究者」養成が中心であり「教授者」の養成は軽視されてきた（寺崎2009:7）。日本の大学院は、制度とそれを支える環境の乖離にハンディを負ってきたのである（伊藤1995:36）。

　このように、大学院はその機能的特徴から、研究者養成機関として扱われることが多く、先行研究も基本的にその視座に立っている（ガンポート1999; クラーク2002; 福留2012; 阿曽沼2014）。一方、大学院教育の一機能として、研究者養成ではなく、専門職としての大学教員養成という観点から行われた研究もあり、それらは先行するアメリカにおける各大学や団体による取組の事例研究が中心となっている（和賀2003b, 吉良2008, 福留2009, 吉良2014）。

　アメリカでは、1950年代に、大学教員志望者向けハンドブックが刊行されるなどの動きが見受けられており（寺崎2006: 43）、1960年代から70年代にかけて、研究中心の博士課程と学士課程教育の溝が繰り返し議論され、博士課程教育に専門分野に留まらない幅広さが求められるようになっていた（宮澤1980:190）。そして、1980年代のTA・大学教員の養成に関する全国的な議論が起こり、1993年から、大学院協議会（Council of Graduate Schools: CGS）及びアメリカ大学カレッジ協会（Association of American Colleges and Universities: AAC&U）によって、大学教員を目指す大学院生に準備教育を行う研修プログラムであるPreparing Future Faculty（PFF）が開始された。

その取組は現在まで継続され、教育能力のみならず、メンタリングや研究等幅広い能力の養成が行われていることに加え、大学院教育全体の見直しに関する議論への展開や、大学教員の職務に関する文化に対する影響等の広がりをみせているとされる（ボーダー・フォンヘーネ2014；今野2018）。このように、アメリカでは、教授法の開発にとどまらず、大学院生の社会化を効果的に促進し、次世代を育成する方策としてこれらの取組が実施されている（羽田2015:180)。

　なお、アメリカの影響を受け、2000年代以降、日本においても一部の研究大学を中心に、プレFDが展開されているが、授業設計やシラバスの作成、模擬授業の実施等、主に教授法の開発を目的とした取組となっている（今野2016)。

　先にみたアメリカの大学教員養成に関する視点は、間篠ほか（2015）が指摘したように、研究と分離された教育の展開など、ボイヤーが提唱した4つのスカラーシップのうち、「教育」のみが着目され、「発見」や「統合」、「応用」が除かれる状況にある中で、大学教員養成の在り方を検討するに当たり、きわめて重要な観点となり得る。

　アメリカにおける大学院教育を通じた大学教員養成の起源について、先行研究では、1960年代以降、TAの質改善を目的に、教授法の開発という観点から始まったものとされる（吉良2008; 吉良2014）。一方、アメリカの大学院制度について概観したBerelson（1960）は、この問題に関し、1930年代から40年代にかけて、アメリカ大学協会（AAU）等の大学団体レベルで常に議論が行われてきたことを指摘している。しかし、Berelson（1960）は個々の議論の詳細については明らかにしておらず、その起源をシカゴ大学の「高等教育管理職員のための研究会」（The Institute for Administrative Officers of Higher Institutions)」（以下、「研究会」という。）が行った1930年代の議論やその後の実践にあった可能性を指摘した和賀（2003a）も、当時の全国的な議論の動向やそれとの関連性については論じていない[2]。ここに、1930年代から40年代にかけての議論や取組の詳細を明らかにする余地が残されている。

　そこで本研究では、大学教員養成と大学院教育に関する1930年代までの

議論や取組を先行研究に依拠しつつ整理した上で、当時の大学院教育を批判的に論じたものとされる、高等教育に関する大統領委員会報告書 *Higher Education for American Democracy*（1947年刊行）に基づき、1940年代における議論を明らかにすることを目的とする。

　当時の議論や取組を解明することにより、アメリカにおける現代の取組や議論との連続性の検証が可能になることに加え、今後、専門職としての大学教員養成や大学院教育の在り方を検討する際の一助となるものと考える。

　本稿の構成は次の通りである。はじめに、アメリカにおける1930年代までの大学教員養成と大学院教育に関する議論の展開を概観する（第1章）。次に、シカゴ大学「研究会」の議論を参照し、1930年代の議論の具体を明らかにする（第2章）。そして、1940年代全体の議論の展開を概観するとともに、大統領委員会報告書に基づき、当時の議論を明らかにする（第3章）。最後に以上の考察を整理し、今後の研究課題について述べる。

Ⅰ．1930年代までの大学教員養成と大学院教育に関する議論の展開

　はじめに、研究大学の出現に至るまでのアメリカにおける大学教員像を確認しておこう。

　17世紀に端を発した植民地・古典的教派カレッジ時代の教員はチューター（tutor）であり、カレッジを卒業したばかりの20歳前後の青年が就く職業であった。チューター職に長く留まることは少なく、3～4年程度で聖職等他の職業へ転出した（福留2020:58）。当時のカレッジはエリートを養成する機関であったが、その教員に求められた役割は、親代わり（in loco parentis）であり、10代後半の「子ども」である学生を監視・指導することであった。また、カレッジのカリキュラムは、古典的な教養教育を中心とした必修科目で占められていたが、授業も学生による復誦（recitation）や討論（disputation）が中心であり、高度の学識や知識は必要とされなかった（潮木1993:25,47-8）。

　18世紀になると、イギリス、フランス、スコットランドの啓蒙主義の影響を受け、カレッジの世俗化が進んだ（阿曽沼2014:52-3）。そこで、特定の専門領域で専門教育を受けた教授職（professors）が登場し、特定科目を担当

するようになった。教授職はチューターよりも年齢が高く、長期にわたって
カレッジに留まることが多かった（福留2020:59）。一方、彼らは元々別の職
業を目指していた者が大半で、たまたま何かのきっかけでカレッジに勤める
ことになった。さらに、当時はまだ、制度化・専門化された大学教員の養成
コースは存在しなかった（潮木1993:61,158）。また、学問的業績はまだ高い優
先事項になっていなかった（ボイヤー1996:21-2）。

　19世紀には、教授職が専門家として雇われるようになったことに加えて、専
門教育である大学院教育を受けるべきという認識が広がった。そのような場
は当時のアメリカには存在しなかったため、ドイツをはじめとしたヨーロッ
パに留学し、その後アメリカのカレッジで教授職として着任するケースが現
れ始めた（福留2020:59-60）。そして、世紀の後半になると、ドイツの影響を
受けたジョンズ・ホプキンズ大学（1876年）やクラーク大学（1888年）、シ
カゴ大学（1892年）など、大学院を置く研究大学（university）が誕生した。
そして、大学院を修了し学位を取得した者が大学教員となった。彼らは学問
分野毎の教育と研究に責任を有するデパートメントを構成し、学会に参加す
ること等を通して、「教員」ではなく「研究者」というアイデンティティを持
つようになり、その関心は、学生に良い講義をするということよりも、研究
により強く向けられるようになった。教員に対する評価軸も出版物等の研究
成果へと変化し、1900年前後から、大学教員の資格として博士学位の取得が
要求されるようになった（潮木1993:168, 236）。このように、大学院が事実上
の大学教員養成機関として確立していった。

　1900年には、当時の博士課程の約9割を占める研究大学14機関から成る
AAUが設立され、大学院基準や目的、大学院の数や大学教員の資格要件、そ
して大学教員養成等が議論されるようになった（Berelson 1960:17）。そして、
1920年代にかけて高等教育機関数及び学生数が増加していくのと同時に、大
学院生数や学位授与数が加速度的に膨張した。1900年には、全米の大学院
には5,800人ほどの大学院生が在籍していたが、1910年には9,400人に増加し、
1920年には15,600人、1930年には47,300人という具合に急増し、そして博士
号授与数も、1900年には250、1910年には440、1920年には620、1930年には

2,300と膨張した（潮木1993:239-40）。

　このような情勢を踏まえ、大学院教育の目的や機能に関する議論が活発に行われるようになった。研究だけで訓練された多数の大学院修了生が大学教員になったことに対して、主に一般教育やリベラルアーツ教育に責任をもつ学部長や学長が批判的な意見を表明した（Kelly 1950:19）。そして、大学教員のための特別な教育の必要性が議論されるようになった。

　この問題については、特別な教育は不要であるという立場をとったイェール大学（Yale University）大学院部長クロス（Wilber L. Cross）に代表されるAAU側と、オーバリン大学（Oberlin College）学長ウィルキンス（Ernest H. Wilkins）に代表されるアメリカカレッジ協会（Association of American Colleges：AAC）側とで意見が異なっていた。AAUでは、博士課程において大学教員養成の要素を増加させるという主張は「教育主義者的すぎる」（too educationist in nature）とされ受け入れられなかったが、AACは、その要素の増加を主張した。

　1925年にマイアミ大学学長ヒューズ（Raymond Hughes）は、大学院修了生の主な雇用者である約500の大学の代表としてAACが大学院に圧力をかけるよう促した。同年にはAACに「大学教員養成に関する委員会」（Commission on an Enlistment and Training of College Teachers）が組織され、1928年からはロマンス語の教授としてハーバード大学やシカゴ大学での職歴があったウィルキンスが議長に就任し、この問題について議論を重ねた。委員会は1929年に報告書を刊行し、教授法の訓練を行い、「幅広い知的関心」を持っている人だけを入学させ、教員養成を目的とする科目を開設し、研究要件を緩和することなどを主張した（Berelson 1960:28）。

　続いて、1930年には、全米大学教授職協会（American Association of University Professors：AAUP）において、カーネギー財団出資の下、この問題に関する全国的な調査が行われ、その結果は「大学教育に関する委員会」（Committee on College and University Teaching）で検討の後、1933年に報告書が刊行された。そこでは、授業科目や書籍によって、教育理論と実践の歴史など、教育の分野の最新動向を学ぶなどといった、大学院における大学

教員養成機能の強化が主張された（AAUP 1933:67）。

　さらに、アメリカ教育協議会（American Council on Education：ACE）も、1934年にAACが実施した大学院修了生調査の結果に基づき、AAC側の主張に賛同した。また、同年、連邦教育局（U.S. Office of Education）は、大学院の歴史や統計データに基づく量的な現状、そして多様な学位の実態等の問題を扱った報告書を刊行した。そこでは、大学院の主要な目的として大学教員の養成が掲げられ、研究能力に加えて教授能力育成の必要性が主張された（John 1934:65-9）。

　以上のように、アメリカにおける大学教員は、大学院修了及び学位取得者が中心であったが、その教育は、研究訓練が中心であり、大学教員養成を企図した教育は確立していなかったため、その必要性について、主に大学団体において活発な議論が行われていた。

Ⅱ．シカゴ大学 The Institute for Administrative Officers of Higher Institutions における議論

1．シカゴ大学「研究会」の概要

　1923年、シカゴ大学に、管理職員が関心のある高等教育の課題に関する議論を行うことを目的として「研究会」が組織された（Gray 1938: v）。1929年からは、年ごとにテーマが設定された。研究会に置かれた「大学教員の専門的訓練に関する委員会」は「そのような訓練の必要性に対する無関心は、大学院では普遍的である」と報告し、関心を示していたことから、1930年と1938年には大学教員養成がテーマとなった（和賀 2003a: 20）。

2．1930年の「研究会」における議論

　1930年の議論の成果は *The Training of College Teachers* として出版されている。和賀（2003a）に基づき、議論を概観する。研究会録には、全米教育諮問委員会（NACE）ディレクターであったスザロ（Henry Suzzallo）やシカゴ大学教育学部長グレイ（William S. Gray）、前述したレイングやウィルキンス、そして、連邦教育局高等教育課長ケリー（Fred J. Kelly）らの論考が掲載されている。

　研究会では、大学教育の弱点に関する調査や、大学教員の養成方法に言及する論文講読、３大学の養成プログラムが紹介された。スザロは、研究者としての将来の大学教員への基本的な要求に加え、教育者としての要求として、「アメリカの教育システムの理解」、「学習心理学」、「監督下での実際の教授経験」の３点を主張した。しかし、研究会では、「教授経験」のみに関心が払われたとされた。

　また、グレイによる大学教員養成に関する実態調査に関して、次の４点が共有された。多くの大学院には、養成プログラムの必要性や事態の緊急性は共有されていたが、実際にプログラムを提供していた大学はほとんどなく、実践されていたとしても、教育に関心のある先輩教員によって催される教育方法に関する研究会において、彼らと共に将来直面する問題を議論するといった手法に止まっていた。さらに、コロンビア大学やハーバード大学等といった主要な研究大学はその必要性を認めていなかった。

３．1938年の「研究会」における議論

　1938年の議論の成果は、*The Preparation and In-Service Training of College Teachers*として出版された。Gray（1938）及び和賀（2003a）に基づき、議論を概観する。研究会録には、ケリーやシカゴ大学教育学部教授エドワード（Newton Edward）、コロンビア大学ティーチャーズカレッジ教授コットレル（Donald P. Cottrell）やオクラホマ大学大学院部長ダッジ（Homer L. Dodge）らの論考が掲載された。

　ケリーは、高校に入学する層が拡大したことで、学士課程の学生の変容がもたらされ、１～２年次では一般教育に重点が置かれることとなり、大学教員を養成する上で、大学院教育に新しい要求が課されるとした。その問題意識から、エドワードは、過去の研究専門家に施された訓練は不十分であるとし、従来とは異なる形の訓練、具体的には教育心理学、実践教育の指導方法、アメリカの教育システムの問題に関する科目の履修等の必要性を指摘した。また、コットレルは、大学教員養成の責任は大学と専門分野に帰属することを指摘し、さらにダッジは、大部分の大学は大学教員養成の問題を認識しており、その解決に向けて積極的な対策をとっている大学もあるとし、具体的な

訓練方法として、実際の教授経験及びインターンシップを強く推奨した。

4．「研究会」における議論や取組に関する小括

　1930年の研究会では、大学教員養成の必要性に関する議論が行われたが、実際に取組を実施していたにまで至った機関はごく少数であったことが共有された。そして、その要因として、成功している大学教員を観察することで学習できる、大学院生には彼らの専門分野を教えればよい、大学院生は自然に大学教育に向けた準備がなされるなど、といった考えが一般的であったことが指摘された。これは、1936年頃にAACの関係委員会が解散し、議論を主導したウィルキンス自身も、大学院が大学教員養成に向けて実質的には何もしなかったため失敗したと回想していたことからも窺える（Berelson 1960:29；Kelly 1950:21）。一方、1938年の「研究会」では、何らかの取組を実行している機関が現れ始めていたことが窺える。

Ⅲ．高等教育に関する大統領委員会報告書*Higher Education For American Democracy*（1947）における記述

1．1940年代の大学教員養成と大学院教育に関する議論の展開

　1940年代には、1930年代からの流れを受け、引き続き、学術雑誌や演説、委員会やその報告書等を通して大学院教育に関する多くの議論が行われていた。ACEは教員養成委員会（Commission on Teacher Education）を組織し、ミシシッピ州での教師経験やニューヨーク市立大学教育学部講師などの経歴を持つホリス（Ernest V. Hollis）を中心に、1940年12月にシカゴで開催されたAAUP第27回年次総会において、大学教員の養成に関する特別報告を行ったことに加え、1945年には、博士号取得者の目的や就職先の職業に大きな変化が生じているという調査結果を踏まえ、大学院教育の改善を提言した*Toward Improving Ph.D. Programs*を出版している。

　また、終戦後の1946年に、ハーバード文理大学院（GSAS）の大学院部長を務めたジョーンズ（Howard M. Jones）が、*Education and World Tragedy*において、大学教員養成問題が無視されたことに対し、大学にこの問題を再考するよう求めた（Berelson 1960:37）。

2. 大統領委員会の概要 [3]

　1944年、「復員兵援護法（GI-Bill）」が署名され、復員兵の多くが職業訓練や大学教育を受ける機会を得ることとなり、1946年には大学進学者が急増していた。同年5月には、戦時動員・復興局（Office of War Mobilization and Reconversion）の局長スナイダー（John W. Snyder）による報告書 *The Veteran and Higher Education :A report to the President* において、高等教育制度を再検討するための全国的な委員会の開催が提言された。当報告書の責任者であったキングスレー（J. Donald Kingsley）や当時大統領補佐官であったスティールマン（John R. Steelman）は、委員会の活動と各省庁との調整を果たし、委員会が検討すべき事項を提示した。そして、1946年7月13日、トルーマン大統領によって、米国史上初めて、高等教育に特化した大統領諮問委員会として、高等教育に関する大統領委員会が任命された。

　トルーマン大統領の書簡では、委員会は、民主主義における高等教育の役割及び高等教育が最も良く遂行され得る方策について調査審議することを目的として、「すべての有能な若者の教育機会を拡大する方法と手段」、「国際問題と社会の理解に関する分野におけるカリキュラムの妥当性」、「高等教育の財政構造、特に物理的施設の急速な拡大のための要件」を中心に議論すべきとされた（Zook 1947:10-1）。

　委員会の委員長には、ズーク（George F. Zook）が選ばれた。ズークはコーネル大学で博士号取得後、ペンシルバニア州立大学にて、ヨーロッパ史の研究に従事した。その後、アクロン大学学長などを経て、就任時はACE会長であった。なお、ズークには1929年のフーバー大統領による国家教育諮問委員会、そして1936年のルーズベルト大統領による教育諮問委員会委員に任命された経歴があった [4]。

　委員会は29名で構成され、カーネギー教育振興財団会長のカーマイケル（O. C. Carmichael）やアイオワ州立大学教養学部長のマクグラス（Earl J. McGrath）、そしてイリノイ大学学長のストッダート（George D. Stoddard）や前述のケリーらが委員となった。

　委員会では、民主主義と国際問題における高等教育の責任、全ての人々に

高等教育の機会を提供する方法と手段、高等教育の組織と拡大、高等教育の資金調達、そして高等教育のための人材の提供の５つのテーマについて議論が行われた。1946年７月29日及び30日以降、合計19日間の議論を経て、1947年12月から翌年３月にかけて全６巻の報告書が刊行された。各巻のタイトル及び発行年月は次のとおりである。

第１巻 *Establishing the Goals*, 1947年12月

第２巻 *Equalizing and Expanding Educational Opportunity*, 1947年12月

第３巻 *Organizing Higher Education*, 1948年１月

第４巻 *Staffing Higher Education*, 1948年１月

第５巻 *Financing Higher Education*, 1948年３月

第６巻 *Resource Data*, 1948年３月

なお、報告書は、２万部が無償配布されたことに加え、政府印刷局のベストセラーとなっている。

報告書は、テーマ毎に５人の専門家の協力の下で作成された。ニューヨーク市高等教育委員会委員長テッド（Ordway Tead）やエモリー大学教育学部教授ハスキュー（L. D. Haskew）、ラキュース大学教育学部学校サービス局長アレンジュニア（James E. Allen Jr.）に加え、1938年の「研究会」に参加していたエドワード及びケリーの両氏が協力していた。また、AAUPやACE等の大学団体による調査協力が得られていた。

委員会による提言の概要は次のとおりである。1960年までに460万人の学生を入学させ、個人と国家の両方の福祉を高めるような大学教育を提供し、人種、信条、性別、または経済的地位に関係なく、能力と興味に見合った全ての青少年と成人に教育の機会を保証する。そして、各州内のニーズに基づいて、特にコミュニティ・カレッジを拡張し、公立高等教育機関の２年間の授業料を廃止する。そして、高等教育および研究ニーズの拡大に対応するために、質と数の両面で適切な教員養成を保証する。最後に、高等教育プログラム全体に公平な資金を提供するということである。

本報告書は、Berelson（1960）が記述するように、大学院における大学教員養成の在り方について批判的な言及をしたものとされる。本節では、大学

院教育及び大学教員養成の在り方が述べられた第1巻及び4巻を中心にその詳細を記述する。

3．大学教員養成に関する提言

(1) 第1巻 *Establishing the Goals* における記述

本巻は、前述のエドワードによって執筆されたものであり、はじめに、自由な社会における高等教育の3つの目標などが説明される。

第3章（Education for free men）では、分野をこえた広範な知識・能力を養うことを目的とする一般教育の必要性が説明され、現在の大学教育が「過剰な専門化」（overspecialization）により一体感が失われつつあり、学生の社会人や市民としての生活の質向上に貢献していないことを課題としている。そして、その一因を、教員が大学院で専門の訓練を中心に受けていることに求めている。

第4章（Education adjusted to needs）では、高等教育の種別毎に改善策を記述しており、その中で大学院について記述されている。

1930年から10年間に博士号を取得し、1940年に働いていた約2万人のうち、高等教育機関で雇用されているのは約65%であること、そして、教育機関や政府等で主に研究に従事している人は3分の1にも満たないというデータを掲げ、大学院教育は最早教育機関のニーズだけで定義することはできず、研究能力の向上を主な目的とすることは「非現実的」であることから、根本的な性質の再検討が緊急に必要であると主張している。

そして、大学院は一般教育を実施するためにも、幅広い関心を持ち、より知的好奇心と活気のある教員、より刺激的な人格とキャンパス外の世界のより多くの経験を持つ教員、事実を組み合わせ、解釈できる能力を持つ教員、そして、アイデアや態度を伝える能力を持つ教員を養成する責任を負うべきとしている。そして、非学術分野における専門家の養成も大学院の機能として「最高の義務」とした上で、伝統的な研究のみの観点で定義される「学識」（scholarship）の定義を、教育にも拡大する必要性を主張している。

(2) 第4巻 *Staffing Higher Education* における記述

本巻は、前述のハスキューによって執筆され、機会拡大後の高等教育を担

う人材の確保・養成について記述されている。ここには、大学の教育・研究
を担う人間こそが、大学の性格と質を大きく左右するという認識がある。

　第2章（Preservice education）では、設定したST比に基づき、1960年に
は約35万人（うち5万人は管理職や特別なサービスに従事する教員）の教員
が必要であると推定される。これは、1946-47年に推定された15万5千人と
比較して125％以上の増となっている。

　そして、大学教員個人が持つべき資質として、健全な学識、専門的能力、
社会における高等教育の役割についての明確な認識、人間性の豊かさ、生き
生きとした好奇心、研究への真摯な関心、動機づけへの洞察力、若者への共
感的で知的な理解が挙げられている。さらに、大学生の心理への理解、過去
の経験の影響の理解、個人に関する情報を適切に収集し利用する技術の熟知、
そして、学習は個々人にとってユニークなプロセスであるという認識を持つ
ことが良い指導には必要であるとし、全教員が学生カウンセラーとしての役
割を果たすべきとしている。

　さらに、大学教員は、学位を保有しているだけでは十分ではなく、専門に関
する知識と研究能力に加えて、教育技術を習得しなければならないと主張し
ている。そして、若手教員がこの本質的なスキルを欠いているのは、大学院
に責任があり、大学院教育の具体的な問題点として、博士号の取得要件や正
式な教員養成に係る科目の提供、教育能力を開発するためのプログラム、そ
して学生指導の欠如を指摘している。

　このような問題意識の下、大学院教育の目的として、「幅広い学識と専
門能力」（broad scholarship and special competence）、「統一された知識」
（unified knowledge）、「継続的な専門的・個人的成長のための基盤」（a base
for continued professional and personal growth）、「知識を相手に伝えるため
の基本的なスキルの習得」（basic auxiliary skills for transmitting knowledge
to others）の4つを挙げている。

　その目的達成のための具体的な大学教員養成のための手段として、単に心
理学と大学教育の専門科目を提供するだけではなく、教室での教員候補者の
パフォーマンスを向上させ、包括的かつ専門的な教育能力の開発を目的とし

たインターンシッププログラムの提供を挙げている。その内容は教育だけではなく、管理運営や研究、社会貢献を含むものとし、その実施形態として、近隣のジュニア・カレッジなどとの協力関係を築くことが望ましいと述べている。

4．委員会報告書の影響

以上みてきたように、本委員会の提言内容は、基本的に1930年代のAACやシカゴ大学「研究会」による議論を継承していた。ここで、委員会報告書の影響として2つの動向を紹介しよう。

1947年10月、ヘイゼン財団（The Edward W. Hazen Foundation）が主催し、スワルスモア大学、コロンビア大学など4機関が共催した大学教員養成に関するモホンク湖会議（The Mohonk Consultation on the Preparation of College Teachers）が開催された。同会議には、大学院とリベラルアーツ・カレッジ30機関の代表者が参加し大学教員養成にかかる協力プロジェクトの具体策について検討が行われた[5]。

続いて、シカゴ大学の教員養成委員会（Committee on the Preparation of Teachers）は、連邦教育局及びACEの協力の下、1948年に、全国の高等教育機関や大学院宛に、大学院で訓練される大学教員の問題点と改善案に関するアンケートを、1949年に、各機関で実施している取組に関するアンケート調査を実施し、その結果を委員会で共有した。翌1950年1月には、一連の調査結果をまとめた連邦教育局の公報 *Toward Better College Teaching* を刊行した[6]。

Ⅳ．おわりに

本稿では、アメリカにおける1930年代までの大学院教育と大学教員養成に関する議論や取組を先行研究に依拠しながら整理した上で、これまで明らかにされてこなかった1940年代の議論について、高等教育に関する大統領委員会報告書に基づき明らかにした。

1940年代もこの問題について引き続き議論が行われていたが、戦後の高等教育の拡大を踏まえ、高等教育に関する大統領委員会が設置され、高等教育

について全国的な検討が行われる機運が生まれた。同委員会には、1930年代のシカゴ大学「研究会」に関与した高等教育関係者が参加しており、大学院教育及び大学教員養成について、研究会が主張していたような内容が国家的な課題として改めて提言された。また、現代のPFFにもつながるような取組も提言されていた。

　一方、1930年代の議論から大統領委員会報告書に至るまでのより詳細な経緯や、その後のシカゴ大学や連邦教育局による調査等、その後の高等教育に報告書が与えた影響の詳細は明らかにできていない。アメリカにおける大学大学教員養成と大学院教育に関する議論や取組の展開を明らかにするためにも、今後更なる研究が必要となる。

【注】

（1）中央教育審議会　2005.「我が国の高等教育の将来像（答申）」(https://www.mext.go.jp/b_menu/shingi/chukyo/chukyo0/toushin/attach/1335599.htm（最終閲覧日2020年9月30日））

（2）ボイヤー（1996）も1930年代「研究会」の議論を参照していたが，「研究会」報告書ではなく，ワシントン大学Jody D. Nyquistらの1989年の論考 "The Challenge of TA Training in the 1990s" を参照している。

（3）2及び3節の内容は，U.S.Office of Education. *Higher Education*, 1946, 3(1), pp. 1-3, President's Commission on Higher Education（1947）及びU.S.Office of Education. *Higher Education*, 1948, 4(12)及びBrown（1948）に基づく。

（4）Richard W. Lykes. *Higher Education and the United States Office of Education, 1867-1953*. Bureau of Postsecondary Education, United States Office of Education, 1975, pp.176-77.

（5）The Post Cresent (1947) President Pusey to Attend Convention of College Officials. Oct 22, 1947, p.7.及びEarl J. McGrath. General Education: A REVIEW. *The Journal of General Education*. 1948, 2(4), pp. 267-77.

（6）公報第1章に書かれた問題意識には、大統領委員会報告書の「大学での教育は、専門家が所有することが不可欠であるスキルを開発するための明確な準備プログラムが存在しない唯一の主要な専門職である。」という記述が「衝撃的」なものとして引用されている（Kelly 1950: 1）。

【参考文献】

・American Association of University Professors. "Report of the Committee on College and University Teaching", *Bulletin of the American Association of University Professors*. 1933, 34(1), pp. 61-70.

・阿曽沼昭裕『アメリカ研究大学の大学院』名古屋大学出版会, 2014, pp. 18-95.

・Berelson, Bernard. *Graduate Education in the United States*, McGraw-Hill New York, 1960, pp. 6-42.

・ボイヤー・L・アーネスト著（有本章訳）『大学教授職の使命』玉川大学出版部,1996.

・Brown, J. Francis. "The President's Commission on Higher Education: A View of Its Findings and Recommendations" *Bulletin of the American Association of University Professors*, 1948, 34(1), pp. 27-37.

・クラーク・バートン（有本章監訳）『大学院教育の国際比較』玉川大学出版部, 2002.

・Gray, S. William. *The preparation and in-service training of college teachers*, Proceedings of the Institute for

Administrative officers of Higher Institutions, University of Chicago Press, 1938, p.10.

・ガンポート・パトリシア（早川操訳）.「アメリカの大学院教育と組織的研究」クラーク・バートン編（潮木守一監訳）『大学院教育の研究』東信堂, 1999, pp.309-355.

・福留東土.「研究と教育の関係」有本章編著『変貌する世界の大学教授』玉川大学出版部, 2011, pp.254-273.

・福留東土.「大学院教育と研究者養成―日米比較の視点から―」『名古屋高等教育研究』2012, 第12巻, pp.237-256.

・福留東土.「アメリカの大学教師論からみた教育と研究」日本高等教育学会第16回大会・課題研究『大学教師とは何か―授業, 能力, 文化―』発表資料, 2013.

・福留東土.「アメリカの大学教授職」有本章編著『大学教授職の国際比較』東信堂, 2020, pp.57-77.

・羽田貴史.「大学教員の社会化試論」東北大学高等教育開発推進センター編『大学教員の能力―形成から開発へ―』東北大学出版会, 2015, pp.179-199.

・石井美和.「大学教員－養成計画なき専門職」橋本鉱市編著『専門職養成の日本的構造』玉川大学出版部, 2009, pp.64-83.

・伊藤彰浩.「日本の大学院の歴史」市川昭午・喜多村和之編著『現代の大学院教育』玉川大学出版部, 1995, pp. 16-38.

・岩田弘三.「アカデミック・キャリアと学位」『近代日本の大学教授職』玉川大学出版部, 2011, pp.76-126.

・John, C Walton. "Graduate Study in Universities and Colleges in the United States", *Bulletin*, U.S. Department of the Interior, Office of Education, 1934, 20, pp.61-69.

・海後宗臣・寺﨑昌男『戦後日本の教育改革9 大学教育』東京大学出版会, 1969, pp.277-383.

・Kelly, J. Frederick. "Toward a Better College Teaching", *Bulletin*, Federal Security Agency, Office of Education, 1950, 13.

・吉良直.「アメリカの大学におけるTA養成制度と大学教員準備プログラムの現状と課題」『名古屋高等教育研究』, 2008, 第8巻, pp.193-215.

・吉良直.「大学院生のための段階的な大学教員養成機能に関する研究」『教育総合研究』, 2014, 第7巻, pp. 1-20.

・今野文子.「大学院生等を対象とした大学教員養成プログラム（プレFD）の動向と東北大学における取組.」『東北大学高度教養教育・学生支援機構紀要』, 2016, 第2巻, pp. 61-74.

・今野文子.「大学院生らを対象としたプレFDの効果検証に関するレビュー」『東北大学高度教養教育・学生支援機構紀要』, 2018, 第4号, pp. 367-372.

・ローラ・L・B・ボーダー, リンダ・M・フォン・ヘーネ著 杉本和弘・佐藤万知訳.「大学院生および専門職大学院生の学生の能力開発プログラム」ケイJ.ガレスピー, ダグラスL.ロバートソン編 羽田貴史監訳『FDガイドブック 大学教員の能力開発』玉川大学出版部, 2014, pp.200-218.

・間篠剛留・原圭博・翟高燕・塔娜.「ポストボイヤーのスカラシップ論」『慶應義塾大学大学院社会学研究科紀要』, 015, 第79巻, pp.1-14.

・宮澤康人.「アメリカの大学院」宮原将平・川村亮編『現代の大学院』早稲田大学出版部, 1980, pp. 173-196.

・両角亜希子. 教育と研究をめぐる教員の意識」『IDE・現代の高等教育』, 2019, 第615巻, pp.33-38.

・President's Commission on Higher Education. *Higher Education for American Democracy*. New York, NY: Harper & Brothers Publishers,1947.

・舘昭.「教育と研究を考える」『大学教育学会第29回大会要旨集』2007, p.30.

・寺﨑昌男.『大学は歴史の思想で変わる -FD・評価・私学-』東信堂, 2006, pp.41-65.

・寺﨑昌男.「大学教員はいかなる意味で教育者か」『大学教育学会誌』2009, 第31巻, 第2号, pp.3-12.

・潮木守一.『アメリカの大学』講談社学術文庫. 1993.

・和賀崇.「1930年代の米国大学における「将来の大学教員」への教育トレーニング」『教育制度研究紀要』2003a, 第4巻, pp.17-25.

・和賀崇．「アメリカの大学における大学教員準備プログラム」『大学教育学会誌』2003b，第25巻，第2号，pp.83-89.
・Zook, F. George. "The President's Commission on Higher Education" *Bulletin of the American Association of University Professors*, 1947, 33(1), pp. 10-28.

Research on preparing future faculty and graduate education in United States

-Focusing on the debate in the 1930s and 40s-

YOSHIDA, Shotaro

University of Yamanashi

Keywords

U.S. higher education, graduate education, preparing future faculty.

Abstract

The purpose of this study is to clarify the discussions and initiatives in the 1930s and 40s about preparing future faculty and graduate education in United States based on previous studies and the Report of the President's Commission on Higher Education, *Higher Education for American Democracy*, published in 1947.

In the second half of the 19th century, research universities and graduate schools appeared in the United States, and the role of university faculty members was newly assigned to research. In addition, graduate education was mainly focused on research training. On the other hand, since the 1920s, higher education has expanded and a variety of students have been enrolled in universities. Therefore, criticism was directed against university faculty members who only received research training, and the necessity of preparing college teaching in graduate schools was discussed.

Although it was not accepted by the Association of American Universities (AAU), composed of research universities, the Association of American Colleges (AAC), composed of liberal arts colleges, and others discussed the specifics of the implementation measures. In 1929, the AAC, in the report of a Commission on an Enlistment and Training of College Teachers, called for training in teaching methods, offering courses for teacher preparation, and a quantitative relaxation of research requirements. These recommendations were endorsed by the AAUP, the AAC, and the Federal Bureau of Education in various reports and other publications in the 1930s.The issue was also discussed at the University of Chicago, a research university, at "The Institute for Administrators of Institutions of Higher Education." It was shared that in 1930 very few universities were preparing for university education, but by 1938 efforts were spreading.

This issue continued to be debated in the 1940's. The GI Bill made the expansion of higher education inevitable. Therefore, President Truman established "The President's Commission on Higher Education", which led to a nationwide discussion. The Commission's report *Higher Education for American Democracy* identified the establishment of preparing college teaching through graduate education as a national issue. The committee included people who had participated in the University of Chicago's "The Institute for Administrative Officers of Higher Institutions" in the 1930s. The report recommended the establishment of courses on higher education and internship programs, such as those discussed by the AAC in the 1930s. Regarding the internship program, it was suggested that it should be implemented in collaboration with universities, especially research universities, and that it should be related to the Preparing Future Faculty (PFF) program.

On the other hand, a detailed examination of the events leading up to the President's Commission's report and the impact of the Commission's report on the University of Chicago's research results and other findings since 1948 are not yet clear and require further study.

《レビュー》

大学図書館近代化期の大学図書館の管理運営論の動向

村上孝弘（龍谷大学図書館）

はじめに

　大学図書館近代化期（昭和30年代後期〜昭和40年代）は、戦後の教育改革の中で、大学図書館の存在意義があらためて認識された時期である。日本学術会議から内閣総理大臣に対し、大学図書館に関する勧告が二度にわたり提出されたのもこの時期である。教育的観点からいえば、単位制度や指定図書制度を通して図書館の課題が大きく議論された。また管理運営の観点からは、「大学教育の改善について（答申）」（中央教育審議会）を受けて発足した大学基準等研究協議会の中に図書館特別部会が設けられ、大学図書館の組織のあり方が大きく議論された。さらに、この時期に視学委員を範とした大学図書館視察委員制度が設けられたことは、その後の自己点検や認証評価の先鞭として大きな意義を有する。

　本レビューでは、大学図書館近代化期の大学図書館の管理運営論の動向をまとめ、大学改革が生起する現代の大学図書館の諸改題への効果的な対応への糸口を繙く契機としたい。

Ⅰ．大学図書館近代化の時代背景

　大学図書館近代化期の時期区分については、明確な定義はないが、一般的な歴史区分で言われる「近代」とは、明確に時期は異なっている。大学図書館近代化は、昭和35年に東京大学附属図書館長になった岸本英夫教授の東京大学附属図書館の改善活動[1]、[2] に端を発するものであり、その活動が広く

国・公・私立の大学図書館の改善活動を引き起こしていったといわれている。この当時に、ハーバード大学図書館副館長のブライアント氏による図書館近代化に関する講演等[3]が日本各地で行われたが、日本の大学図書館の機構面の課題として、図書館関係者と教官と大学管理関係者の三者の密接な協力が必要である、という指摘がなされているが、これは図書館にとっては現在も継続している課題である。

Ⅱ．大学図書館近代化に関連する主要法規や基準、日本学術会議による勧告文書

　大学図書館近代化期の大学図書館の管理運営に関する文献をレビューする前提として、戦後の教育の基となった教育基本法や学校教育法の理解とともに、民主的な大学図書館を形成する契機となった「米国教育使節団報告書」[4]（昭和21年）や「第二次訪日アメリカ教育使節団報告書」[5]（昭和25年）などの各種報告書を把握することは重要である。これに対応する「日本における教育改革の進展－1950年8月第二次アメリカ教育使節団に提出した文部省報告書－」[6]（昭和25年）における大学図書館への認識は、その後の大学図書館界の改善活動に大きな影響を与えたと思われる。

　同時期に大学基準協会が制定した「大学図書館基準」[7]（昭和27年）の意義もあらためて捉えなおしたい。その後、文部省により「大学設置基準」[8]（昭和31年）が制定されたが、大学図書館に関する基準は表面的なものであった。これ以外に、大学図書館界では設置形態別の改善要項（「国立大学図書館改善要項」[9]（昭和28年）、「公立大学図書館改善要項」[10]（昭和36年）、「私立大学図書館改善要項」[11]（昭和31年）等が作成され、それらに基づいた大学図書館界の活動の蓄積が、大学図書館近代化の流れを牽引していくことともなる。

　日本学術会議から内閣総理大臣に対し、大学図書館に関する勧告が二度にわたり提出されたのもこの時期である。先ず「大学図書館の整備拡充について（勧告）」[12], [13]（昭和36年）では、前文で「大学教育の効果を有効ならしめるためには、附属図書館が十分にその機能を発揮するようその充実と運営

の適正を期することがきわめて重要であることはいうまでもない。」とし、①蔵書の充実と財政的措置、②施設設備の拡充と整備、③職員数の増員と専門職制度の確立の３点が具体的に勧告されている。続く「大学における図書館の近代化について（勧告）」[14]、[15]（昭和39年）では、昭和36年の勧告にも関わらず依然として改善しない日本の大学図書館の状況について、欧米諸国におけるそれと比較すればあまりに低水準であることを指摘し、学術研究の進歩と大学教育の発展に即応するために、大学図書館の近代化は緊急不可欠の措置であることを論じている。いずれの答申も大学図書館と大学教育の関係の重要性を指摘しているところが、現代の課題にも通ずるところである。

Ⅲ．大学図書館近代化期の大学図書館の管理運営論の特徴

　本章では大学図書館近代化期（昭和30年代後期～昭和40年代）を幾つかの時期に区分し、その当時の大学図書館の管理運営論の特徴を把握していくこととする。

1．大学図書館近代化：準備期（昭和30年～昭和34年）

　大学図書館近代化期の前史の時期といえるが、この時期に大学図書館の管理運営をめぐる諸課題が論じられてきた歴史は軽視できない。『図書館雑誌』では、「大学図書館特集」で、設置形態を問わない大学図書館の問題として、大学機構の中での附属図書館の位置付けの不明確さを指摘している[16]。また、国立大学図書館、私立大学図書館それぞれの大学図書館の機構、館長、職員、経費等の課題が論じられているが、大学図書館と大学教育の新特色（教養コース）の関係もいち早く課題として挙げられている[17]、[18]。大学総経費に占める大学図書館予算の比率などについても、検討がなされている[19]。

　大学図書館についての本質的な議論もこの時期に見られる[20]。大学図書館を大学のバロメーター[21]と捉えたり、大学教育の運営主体（事務局、学生部）に図書館を加えた三権分立[22]を主張するなど、大学図書館の活動の活性化が志向されている。大学図書館の管理組織の目的と機能について、社会一般の管理組織と大学固有の管理組織の異同をもとにした仮定的考察[23]もなされている。大学図書館長の待遇問題[24]もこの時期から生じている。

　『大学資料』では、第14号を大学図書館についての特集号とし、アメリカの大学図書館の管理運営の課題[25]、大学図書館建築の動向[26]、香川大学附属図書館の夜間および休日開館の実施についての事例報告[27]がなされ、大学図書館の内外の動向が着目された。

　さらに、『図書館界』の特集「戦後図書館界の歩み」には、国立大学図書館[28]、私立大学図書館[29]のそれぞれの立場から、戦後の図書館行政・組織の改善や図書館職員の資質向上のための様々な取り組みが振り返られ、大学図書館近代化の動向に繋がる経緯が整理されている。大学図書館の管理組織の課題のうち、協同的なサービスを支える人的問題について職階制の観点からの解決を志向する論稿は、この時期の大学の他組織では論じられていない課題を取り上げており、大学図書館の管理運営論の先見性が把握できる[30]、[31]。

2．大学図書館近代化：始動期（昭和35年〜昭和39年）

　大学図書館近代化の原動力となったのは、先述のとおり東京大学附属図書館における岸本改革であるが、この時期には大学図書館の管理運営に関する様々な論述が展開されており、まさに大学図書館近代化の始動期といえよう。

　当時の大学図書館行政に大きな影響力を有した国立大学附属図書館長会議の動向を捉え図書館行政事務の能率化を提起したもの[32]、私立大学図書館協会の昭和26年、31年の実態調査をもとに私立大学図書館の展開を捉えたもの[33]、短期大学制度設立から10年を経過した時点での短期大学図書館の実情を把握したもの[34]など、様々な論稿が見られる。

　大学図書館の管理について、当時は日本図書館協会などにおいて下部管理層（司書）の課題が議論されることが多かったが、これに加えて上部管理層（理事、学長）や中部管理層（館長）の課題の重要性を指摘する論稿は、まさに大学図書館近代化期の中心命題に連関しているといえよう[35]。戦後から昭和31年の大学設置基準の公布期までの図書館基準等の変遷を把握することは、この時期の理解には不可欠である[36]。

　『図書館界』では、「大学図書館の諸問題」と題した特集が組まれ、司書職の法制化や館長専任制、事務長の重要性が指摘された[37]。また、国立大学図書館改善要項を素材に、大学図書館の機構と運営、蔵書基準、職員数、予算、

施設の諸課題が論じられた[38]。さらに、図書館経営の近代化のためにも私立大学図書館改善要項の活用が提起された[39]。しかし、私立大学の図書館の多様性の観点から、この提起に対峙する論稿も見いだされる[40]。大学図書館管理の課題として、管理組織論、司書職、兼任館長問題を抽出した整理もなされている[41]、[42]。

日本図書館協会の大学図書館部会に大学図書館改善総合委員会が設けられ、司書職に関する調査研究や大学図書館法要項案が作成されたのは、この時期である[43]。その他、図書館行政を中心に私立大学図書館が直面する諸問題（大学図書館の位置付け、教育との関係、人的条件、物的条件）が検討され[44]、図書館の会計事務と大学の財務との関係性も論じられている[45]。

昭和39年から、大学図書館職員講習会が開始されることは、まさに大学図書館近代化の本格的始動の契機といえよう。同講習会において、文部省大学学術局学術情報主任官の説田は、大学図書館の近代化の遅れの主要な要因として、管理運営の非合理的側面を挙げている。また、大学図書館の整備が、これまで教室や研究室等の整備の後塵を拝してきた問題も指摘している[46]。同講習会においては、当時の図書館界の指導的立場にある研究者による「近代的大学図書館のあり方」と題した講演がなされ、大学図書館の管理運営機構の質的な変化（手工業的な経営から、近代的な大企業なみの合理的な経営へ）の課題[47]、大学図書館と大学教育の関係性の課題[48] などが述べられている。また当時議論されていた大学設置基準を改正し、大学図書館に関する章を設け、大学図書館の役割の明確化を図る課題について、大学自治の観点を絡ませて論じている視点は重要である[49]。同講習会では、施設・設備の近代化も論じられている[50]。この年には、大学図書館の組織論を機能論的な立場から捉える論稿も見いだされる[51]。

3．大学図書館近代化：展開期（昭和40年〜昭和44年）

昭和40年度から、大学図書館の近代化は具体的な展開期に入り[52]、文部省においても、大学図書館近代化の具体策が矢継ぎ早に実施されていくことになる。この時期の大学図書館界を牽引していた一人が、東京大学附属図書館長の伊藤四十二である。伊藤は、大学基準等研究協議会・図書館特別部会

の中における大学図書館基準要項の作成の中心人物であり、各方面でも積極的な執筆・講演活動を行い、大学図書館近代化の機運を高める役割を果たした[53]、[54]、[55]。また、同時期に科学技術会議から内閣総理大臣へ出された「科学技術振興の総合的基本政策」においても、大学図書館の充実が指摘されている[56]。

館長論や専門職員論もさらなる展開を見せ[57]、[58]、[59]図書館経営（Library Administration）という概念も紹介され、大学図書館職員の意識も変化していくことになる[60]。大学図書館職員の研修活動も活発化していくのがこの時期である[61]、[62]。

急速な近代化計画の進展に伴って、労働強化や合理化計画の危険性を指摘する論稿が、この時期から現れてくる[63]。大学図書館員が専門的管理的業務に従事する者と単純労働に従事する者とに二分されかねないという声も看過することはできない[64]。

『図書館界』では「10年間の歩み」と題した大学図書館近代化運動の特集を組んでいる。田保橋・文部省大学学術局情報図書館課大学図書館係長は、この間の歩みについて、大学における図書館の位置付けの明確化と、学内におけるその役割の周知徹底が図られ、図書館長の権限強化等の管理運営の改善と、図書館資料の管理方式の合理化がなされたと高く評価している[65]。しかし、近代化のカンパニアのかげで、一方ではかえって図書館の空洞化が進展したという論稿[66]や現状の大学図書館の管理運営、蔵書、職員、施設・設備の問題点を指摘する論稿が対比的に掲載されている[67]、[68]。

文部省が編集している『学術月報』も「大学図書館の改善について」という特集を組み、昭和41年度の大学図書館職員講習会について報告している[69]。図書専門職員には一般事務官的な要素よりも大学教育への理解が重要であるが[70]、現状では教育図書館としての役割が軽視されているという主張[71]は傾聴に値する。さらに、近代化運動の伸び悩みについても論じられている[72]。

10年余りの近代化運動の歴史的把握も行われ[73]、[74]、一定の評価[75]はなされているが、大学図書館の改善活動はまだ発展途上であることに変わりはない。そのような中で、新たに制度化された大学図書館視察委員による実地視

察報告の改善事項を踏まえた具体的な改善活動も論じられており、近代化施策の実質化も見て取れる[76]。改善活動の質的側面が求められてきたのもこの時期である[77]。

また、昭和44年5月には、第1回日米大学図書館会議が開催される。「高等教育における大学図書館の役割」[78]と題した、ハーバード大学図書館長のDouglas W. Bryant氏の講演もなされている。同氏は、ハーバード大学図書館副館長時代の昭和38年に来日し、各地で大学図書館近代化の講演を行った人物であり、日本の大学図書館の近代化の進展を高く評価している。

4．大学図書館近代化：転換期（昭和45年〜昭和49年）

昭和40年代の初頭に急速に展開された大学図書館近代化に伴う大学図書館の改善活動について、一定の転換がもたらされたのがこの時期である。大学における図書館管理については、図書館学理論にもとづく運営に加えて近代経営学による管理運営も求められるようになり[79]、図書委員会に図書館の経営組織としての自覚が求められるようになる[80]。そして、図書館長の位置付けの重要性が再確認されるようになる[81]、[82]。

『図書館界』では、「図書館行政」の特集が組まれ、図書委員会と図書館行政のあり方[83]、大学設置基準改正への期待[84]などが論じられた。大学図書館近代化のこの時期は、大学図書館にとって戦後の学制改革に次ぐ大転機と捉えられていたのである[85]。

大学基準協会の『会報』第21号には、「大学図書館特集号」として、大学図書館の改善方策に関する大学基準協会の維持会員校の15大学（大阪府立大学、北海道大学、広島大学、東京理科大学、岡山大学、東京工業大学、東京教育大学、大阪大学、慶応義塾大学、広島商科大学、関西学院大学、東京大学、金沢大学、芝浦工業大学、名古屋大学）の図書館長の論稿[86]〜[100]が掲載されており、大学図書館の改善活動に対する当時の関心の高さが窺える。

第2回日米大学図書館会議が昭和47年に開催されるが、この時のテーマは「大学図書館の管理運営」であり、この時期が大学図書館近代化期の管理運営論の一つの到達点であるといえよう。この会議を記念して『大学図書館の管理運営 – 日米大学図書館会議応募論文集 – 』が刊行されるが、図書館長[101]、

事務長[102]、組織構造[103]、財政問題[104] など様々な論稿が掲載されている。

　しかし、その後、大学図書館近代化は「大学図書館改善協議会」の設立（昭和48年）を契機として大きな転換期を迎える。『文部省第101年報』には、「大学図書館の改善」の箇所に「本年度より大学図書館改善協議会を発足させ、図書館における機械化及び図書館間の相互協力について調査研究を行った。」（p.55）[105] とあり、これ以降、大学図書館のトピックは機械化[106] が中心となっていき、総論的な管理運営論が語られることは少なくなっていくのである。この当時の学術審議会の議論の動向も、大学図書館近代化期の大学図書館の管理運営論の帰結に影響を与えたと考えられる。学術審議会学術情報分科会では、「学術情報の流通体制の改善について（報告）」[107] を昭和48年7月に取りまとめている。この報告では、概略すると、従来の図書館システムの改善策として、①分担収集による資源共有の提案、②学術情報流通システムの構築（第2図書館システム）、が提案されている。この二点は、先の大学図書館改善協議会の審議事項とほぼ符合しており、この意味ではこの当時に大学図書館政策に一定の変化があったと推定できよう。

Ⅳ．大学図書館近代化の意義と限界

　文献レビューをとおして、この時期には大学図書館に関して、様々なステークホルダーの関与があることがあらためて明確となった。大学図書館近代化を牽引したのは、それぞれの大学の図書館に直接かかわる者だけではなく、行政や学協会も巻き込んだ大きな動きとなっていたのである。大学図書館近代化が具体的に展開するのは、昭和40年であり、その年に文部省に大学図書館行政の主管課として情報図書館課が設けられ、大学図書館視察委員制度が設置された。翌年には国立大学に対して指定図書制度が予算化されている。

　これらの制度化の背景には、大学図書館の改善活動と言われていた設置形態を越えた多くの大学図書館関係者の様々な取り組みの積み重ねがあったことは明白である。そして、この当時には、大学における大学図書館の位置付けを高めることに対して、様々な議論が展開されていた。図書館長を大学の評議員に位置付ける取り組みなどは、その代表例である。図書館職員の力量

向上の取り組みは、他の大学事務組織より格段に早く全国的に実施されており、まさに現代のSD活動の先鞭とも評価できる。

　大学図書館近代化期の動向について、それが文部省主導で行われた傾向が強いことに対して否定的な評価もあるが、いわば大学図書館充実の立ち上げ期であるこの時代には、大学図書館改善のために、非権力的な行政指導を必要としていたともいえよう。さらに、日本学術会議の二度にわたる勧告が、大学図書館近代化のための文部省の様々な施策を誘引したことは、学協会と行政との間に良好な関係が保たれていた証左であり、歴史的に大きく評価する必要がある。大学図書館近代化期の大学図書館の管理運営論の射程は、現代にも通じているといえよう。

【文献一覧】
1）東京大学附属図書館編訳『大学図書館の近代化をめざして：東京大学附属図書館改善記念論集』1963、東京大学附属図書館　青野伊豫児、123p.
2）東京大学附属図書館編『大学図書館の近代化をめざして：東京大学附属図書館改善記念論集Ⅱ、前東京大学附属図書館長　岸本英夫教授図書館関係論集』1964、東京大学附属図書館　青野伊豫児、71p.
3）「近代化をめざす大学図書館」『図書館雑誌』1963、Vol.57、No.11、p.15-19.
4）伊ケ崎暁生［ほか］編「米国教育施設団報告書」『戦後教育の原典②—米国教育使節団報告書他』現代史出版会、1975、p.73-119.
5）伊ケ崎暁生［ほか］編「第二次訪日アメリカ教育使節団報告書」『戦後教育の原典②—米国教育使節団報告書他』現代史出版会、1975、p.121-142.
6）伊ケ崎暁生［ほか］編「日本における教育改革の進展」『戦後教育の原典②—米国教育使節団報告書他』現代史出版会、1975、p.157-270.
7）大学設置問題研究会編「大学図書館基準」『大学設置の手びき—関係法令・基準集—』第一法規、1965、p.110-111.
8）文部省大学学術局大学課「大学設置基準とその解説」『大学資料』、1957、第5号、p.7-19.
9）日本図書館協会編「国立大学図書館改善要項」『図書館法規基準総覧』日本図書館協会、1992、p.481-488.
10）日本図書館協会編「公立大学図書館改善要項」『図書館法規基準総覧』日本図書館協会、1992、p.501-506.
11）日本図書館協会編「私立大学図書館改善要項」『図書館法規基準総覧』日本図書館協会、1992、.p.507-522.
12）日本学術会議事務局編「大学図書館の整備拡充に関する勧告について」『日本学術会議月報』1961、第2巻、第5号、p.14-16.
13）日本学術会議事務局編「大学図書館の整備拡充について（勧告）」『日本学術会議月報』1961、第2巻、第5号、p.18-20.
14）日本学術会議事務局編「大学における図書館の近代化について」『日本学術会議月報』1964、第5巻、第9号、p.11-12.
15）日本学術会議事務局編「大学における図書館の近代化について（勧告）」『日本学術会議月報』1964、第5巻、第9号、p.18-20.

16) 小倉親雄「大学図書館の諸問題－『附属』の意味するもの－」『図書館雑誌』1955、Vol.49、No.6、p.6-8.
17) 松村誠一「国立大学図書館の当面する問題－その素描－」『図書館雑誌』1955、Vol.49、No.6、p.9-11.
18) 藤田豊「私大図書館の問題とは？」『図書館雑誌』1955、Vol.49、No.6、p.12-14、17.
19) 高宮誠「大学図書館の予算について」『図書館雑誌』1955、Vol.49、No.6、p.15-17.
20) 青野伊豫児「大学図書館界のこの一年－1956年のために－」『図書館雑誌』1955、Vol.49、No.12、p.5-7.
21) 丸山悦三郎「大学の封建制と大学図書館」『図書館雑誌』1955、Vol.49、No.7、p.2-7.
22) 上野先「大学図書館二つの問題」『図書館雑誌』1955、Vol.49、No.7、p.13-15.
23) 高橋正明「大学図書館の管理組織」『図書館学会年報』1957、Vol.4、No.3、p.88-116.
24) 富永牧太「兼任図書館長の功罪」『図書館雑誌』1958、Vol.52、No.5、p.138-139.
25) 小倉親雄「アメリカの大学図書館について」『大学資料』1959、第13号、p.1-6.
26) 柘植芳男「アメリカの大学図書館建築の最近の動向」『大学資料』1959、第13号、p.7-12.
27) 堀明頼「大学図書館の運営の改善について－香川大学附属図書館の夜間および休日開館－」『大学資料』1959、第13号、p.13-15.
28) 小倉親雄「国公立大学図書館」『図書館界』1959、Vol.11、No.2、p.84-87.
29) 小野則秋「私立大学図書館の歩み－私立大学図書館協会を中心として－」『図書館界』1959、Vol.11、No.2、p.87-90.
30) 高橋正明「総合大学図書館における管理組織と職階性（上）」『早稲田大学図書館紀要』1959、（1）、p.74-114.
31) 高橋正明「総合大学図書館における管理組織と職階性（下）」『早稲田大学図書館紀要』1960、（2）、p.15-44.
32) 団野弘之「図書館行政事務と能率化について－大学の場合－」『図書館雑誌』1960、Vol.54、No.4、p.105、109.
33) 藤田豊「大学図書館発達史序説－特に私立大学図書館を中心に見たる－」『図書館学会年報』1960、Vol.7、No.1、p.31-50.
34) 藤田豊「短期大学図書館の実情と諸問題」『図書館界』1960、Vol.12、No.2、P.48-53.
35) 永田清一「大学図書館管理の研究－私立大学図書館の管理－」『図書館界』1961、Vol.13、No.3、p.74-80.
36) 後藤純郎「戦後の大学図書館運動」『図書館学会年報』1961、8（1）、p.22-28.
37) 酒井忠志「大学図書館職員をめぐる運動」『図書館界』1962、Vol.13、No.6、p.168-175.
38) 岩猿敏生「『国立大学図書館改善要項』の諸問題」『図書館界』1962、Vol.13、No.6、p.195-198.
39) 小野則秋「私立大学図書館基準の種々相－『私立大学図書館改善要項』一本でなぜ行けぬ－」『図書館界』1962、Vol.13、No.6、p.199-205.
40) 藤田豊「私立大学図書館の発展とその障碍─『小野則秋氏－私立大学図書館基準の種々相』に答えて－」『図書館界』1962、Vol.14、No.3、p.91-94.
41) 岩猿敏生「戦後における大学図書研究史（1）」『図書館界』1962、Vol.14、No.1、p.1-7.
42) 岩猿敏生「戦後における大学図書研究史（2）」『図書館界』1962、Vol.14、No.3、p.83-89.
43) 岩猿敏生「大学図書館改善総合委員会報告」『図書館雑誌』1963、Vol.57、No.8、p.26-28.
44) 鈴木徳三「大学行政上から見た私大図書館」『図書館学会年報』1963、9・10、p.39-45.
45) 永田清一「大学図書館管理の研究－私立大学図書館の財務管理－」『図書館界』1963、Vol.15、No.2、p.48-55.
46) 説田三郎「大学図書館の現状と問題点」『学術月報』1964、Vol.17、No.6、p.2-4.
47) 世良晃志郎「近代的大学図書館のあり方」『学術月報』1964、Vol.17、No.6、p.5-8.
48) 北川敏男「近代的大学図書館のあり方」『学術月報』1964、Vol.17、No.6、p.9-12.
49) 伊藤四十二「近代的大学図書館のあり方」『学術月報』1964、Vol.17、No.6、p.12-14.
50) 大串不二雄「大学図書館施設・設備の近代化」『学術月報』1965、Vol.17、No.6、p.15-18.

51）北川敏男「大学図書館の組織についての基本的考察」『図書館学会年報』1964、11（1）、p.37-52.
52）藤田豊「近代化における新大学基準（案）の意義－大学図書館発達史２－」『図書館学会年報』.1966、Vol.13、No.1、p.14-20.
53）伊藤四十二「大学図書館に関する文部省令『大学設置基準』の改正ならびに『大学図書館設置基準要項』の作成について」『図書館雑誌』1965、Vol.59、No.7、p.26-29.
54）伊藤四十二「大学図書館の現状と新動向－大学図書館新基準案を中心として－」『私立大学図書館協会会報』1965、No.45、p.28-46.
55）伊藤四十二「大学図書館の使命」『国立大学協会　会報』1966、第32号、p.1-9.
56）伊藤四十二「大学図書館界」『図書館雑誌』1966、Vol.60、No.12、p.5-7.
57）鈴木徳三「学内における大学図書館の位置」『図書館学会年報』1966、13（1）. p.26-30.
58）奥村藤嗣「大学と図書館員」『私立大学図書館協会会報』1966、（44）. p.51-63.
59）高木きよ子「大学図書館員のあり方－外からみた図書館員－」『図書館雑誌』1966、Vol.60、No.9、p.10-12.
60）岡部史郎「図書館経営理論の重要性について」『図書館雑誌』1966、Vol.60、No.10、p.6-7.
61）遠藤トモ「大学"附属図書館"とその制度」『磨研録』1966、第３号、p.51-63.
62）大山綱憲「大学図書館設置基準要綱案をめぐる問題」『磨研録』1966、第３号、p.87-100.
63）松田上雄「大学の中の図書館員－図書館員の労働者意識」『図書館雑誌』1966、Vol.60、No.4、p.19-21.
64）酒井忠志「大学図書館の専門職制－大学図書館運動の一断面－」『図書館雑誌』1966、Vol.60、No.8、p.12-14.
65）田保橋彬「大学図書館図書館行政」『図書館界』1967、Vol.19、No.4、p.106-109.
66）松田上雄「国立大学図書館の歩み」『図書館界』1967、Vol.19、No.4、p.164-167.
67）堀啓次郎「公立大学図書館」『図書館界』1967、Vol.19、No.4、p.167-169.
68）青木次彦「私立大学図書館」『図書館界』1967、Vol.19、No.4、p.169-171.
69）文部省大学学術局情報図書館課「大学図書館の改善について」『学術月報』1967、Vol.19、No.11、p.2-5.
70）岡田温「図書専門職員のあり方」『学術月報』1967、Vol.19、No.11、p.5-7.
71）森田優三「大学図書館の現状と問題点」『学術月報』1967、Vol.19、No.11、p.7-9.
72）北川敏男「大学図書館の現状と問題点」『学術月報』1967、Vol.19、No.11、p.9-17.
73）岩猿敏生「大学図書館近代化運動の流れのもとに」『図書館雑誌』1967、Vol.61、No.8、p.10-12.
74）鈴木徳三「戦後における大学図書館員としての人及びその機能」『図書館学会年報』1967、Vol.14、No.2、p.43-46.
75）川口鉄男「大学図書館の最近の動向と将来の展望」『図書館学』1968、13、p.27-29.
76）山田修「大学図書館規程について－組織規程と利用規程－」『図書館雑誌』1969、63（4）、p.13-17.
77）鈴木徳三「大学図書館における評価についての諸問題」『図書館学会年報』1969、Vol.15、No.2、p.109-112.
78）Douglas W. Bryant「高等教育における大学図書館の役割」『第１回日米大学図書館会議議事録』第１回日米大学図書館会議議事録編集委員会編、大学図書館国際連絡委員会、1970、p.19-24.
79）鈴木徳三「私立大学図書館における管理機構に関する評価試論－図書館員層の構成と変動」『図書館学会年報』1970、16（1）. p.4-7.
80）河田政雄「国立大学図書館委員会－その現状と問題点－」『図書館界』1970、Vol.22、No.4、p.123-134.
81）酒井忠夫［ほか］「大学図書館'70年の展望＝国大協・図書館特別委員会『第一次報告』を中心に」『図書館雑誌』1970、Vol.64、No.10、p.11-18.
82）国立大学協会「大学の教育・研究に対する図書館の在り方とその改革について（第一次報告）」『図書館雑誌』1970、Vol.64、No.10、p.19-27.
83）菊池租「図書館委員会と図書館行政」『図書館界』1971、Vol.22、No.6、p.204-209.
84）松見弘道「大学図書館の組織と基準」『図書館界』1971、Vol.22、No.6、p.244-252.
85）松田上雄「大学と大学図書館」『図書館界』1971、Vol.22、No.6、p.237-243.

86）安達肆郎「大学図書館に関する改善方策について」『大学基準協会会報』1971、第21号、p.1-3.

87）今村成和「大学図書館に関する改善方策について」『大学基準協会会報』1971、第21号、p.4-10.

88）内海巌「大学図書館の改善方策について」『大学基準協会会報』1971、第21号、p.11-18.

89）梅田魁「大学図書館の改善に対する障害」『大学基準協会会報』1971、第21号、p.19-26.

90）大倉栄治「中小規模の大学図書館の改善強化について思う」『大学基準協会会報』1971、第21号、p.27-34.

91）桶谷繁雄「大学附属図書館はいかにあるべきか？－東京工業大学の場合－」『大学基準協会会報』1971、第21号、p.35-39.

92）酒井忠夫「大学図書館に関する改善方策について」『大学基準協会会報』1971、第21号、p.40-47.

93）関集三「大学図書館の改善方策について－特に図書館の地位の向上を中心に－」『大学基準協会会報』1971、第21号、p.48-53.

94）高鳥正夫「大学図書館に関する改善の視点」『大学基準協会会報』1971、第21号、p.54-60.

95）立川昭二郎「大学図書館の役割と機械化」『大学基準協会会報』1971、第21号、p.61-68.

96）前田正治「大学図書館に関する改善方策について」『大学基準協会会報』1971、第21号、p.69-74.

97）松田智雄「大学図書館改善の問題点」『大学基準協会会報』1971、第21号、p.75-82.

98）宮孝一「大学図書館の改善方策について」『大学基準協会会報』1971、第21号、p.83-88.

99）村越潔「図書館運営委員会の改善について」『大学基準協会会報』1971、第21号、p.89-91.

100）保田幹男「大学図書館に関する改善方策について」『大学基準協会会報』1971、第21号、p.92-98.

101）黒坂東一郎「大学図書館長の問題」『大学図書館の管理運営－第2回日米大学図書館会議応募論文集－』大学図書館国際連絡委員会編、大学図書館国際連絡委員会、1972、p.1-13.

102）田中久文「図書館における『事務長』職の問題点－主として国立大学を中心として－」『大学図書館の管理運営－第2回日米大学図書館会議応募論文集－』大学図書館国際連絡委員会編、大学図書館国際連絡委員会、1972、p.24-33.

103）山田修「大学図書館の組織構造」『大学図書館の管理運営－第2回日米大学図書館会議応募論文集－』大学図書館国際連絡委員会編、大学図書館国際連絡委員会、1972、p.34-48.

104）田保橋彬「大学図書館の財政問題」『大学図書館の管理運営－第2回日米大学図書館会議応募論文集－』大学図書館国際連絡委員会編、大学図書館国際連絡委員会、1972、p.49-62.

105）文部省大臣官房企画室『文部省第101年報　昭和48年度』文部省、1975、415p.

106）田辺広「大学図書館の現状と課題」『図書館界』1972、Vol.23、No.5、p.174-179.

107）学術審議会学術情報分科会「学術情報の流通体制の改善について（報告）」文部省、1973-7-25、http://user.keio.ac.jp/~ueda/sip/sip50.html（参照2021-3-30）

石渡尊子著
『戦後大学改革と家政学』
東京大学出版会　2020年

朴木佳緒留（神戸大学名誉教授）

　本書は戦後の大学改革の中で家政学部および家政学がいかに成立したかを実証的にたどった教育史研究書である。書評子は本書を手にして、まずは「よくぞ書いてくださった」と思い、次いで、丁寧な叙述と第一次資料を用いた手堅い実証を高く評価したいと思った。冒頭より、個人的な感想を表明したが、その理由は本書の研究上の位置を確認しておきたいためである。

　周知のように、家政学は戦前期には女性教育の中心的な存在であったが、本書は、戦後教育改革により新制大学に家政学部が設置された時をもって家政学の成立とみなしている。しかし、家政学の誕生や成立をどの地点に求めるのかについてはいまだに様々な見解がある[1]。また、戦前期のみならず戦後期においても、家政学は「女性用の教育／学問領域」とみなされてきた。現在においても、家政学の学修者は圧倒的に女性が多いため、家政学を「女性用」としてイメージする人は少なくない[2]。この特徴について、保守的あるいは革新的な立場から各々、肯定的または否定的な見解があり、家政学についての受け止め方はさまざまである。このような事情があるためか、家政学関係者の手による家政学教育史では、当然のことながら家政学を肯定した上で、「家政学の教育の歴史」が述べられてきた。また、女子教育に関心をもつ人々や教育史研究者においては、家政学への関心は高いとは言えない。著者も述べているように、教育史研究として、家政学を正面に据えてその成立過

程を追った研究はないに等しい状況が続いてきた。本書は、「家政学の教育の歴史」研究が覆いきれなかった「戦後教育改革史としての家政学成立史」であり、また、女子教育史研究の中で従来には「点」のかたちで知られていたさまざまな事柄について、「点」と「点」を結びつけて一つのストーリーとしてまとめたものでもある。つまり、本書は戦後教育改革史あるいは戦後の大学教育成立史として位置づくだけでなく、家政学成立史としても、女子教育史研究としても位置づけることが可能である。

さて、本書の内容は戦後の家政学部・家政学の成立過程研究であるが、書名は「家政学成立史」ではなく、「戦後大学改革と家政学」であることにも注目したい。上記のように家政学を取り巻く複雑な事情の反映かもしれないし、著者の関心が家政学の内容研究にあるわけではないことの現れかもしれないが、書評子は著者が家政学という一つの学問領域を舞台にして、学問成立にあたっての制度改革、教育のありさま、ディシプリンの形成の三つのダイナミズムを捉えようとしたため、と受けとめた。

本書の構成は以下である。

序章　戦後大学改革過程における家政学の転成

第1章　戦前・戦中期の「家政学」の実践と研究

第2章　新制大学制度上の家政学の誕生

第3章　ディシプリンとしての家政学の模索

第4章　男女共学の新制国公立総合大学における家政学の継承と変遷

第5章　女性の自立と実践力養成を目指した家政学の追求

第6章　地域貢献のための応用科学としての家政学の導入と変容

結章　学際的学問のさきがけとしての家政学の出発

先に、本書の書名が「家政学成立史」ではないことに注目した。この点に関わって、本書序章は次のように説明する。戦後の高等教育改革のなかで「『制度』『学問』『教育』の連関構造を『家政』に焦点を当てて再検討する」ことにより、「戦後改革が女性の教育と教養の内実の変化にどのような影響を与えたかを究明する手がかりになりうるであろう」という。そして、従来の研究では、家政学部の設立が女子の大学進学の道を拡大した旨の指摘で留まっ

ているが、その理由は家政学教育、家政学の学としての水準、諸ディシプリンの中での位置づけや評価について検討されることが少なかったためである、という。先にも触れたが、本書の特徴と魅力は個別学問の成立過程追究の枠を越えたところにあり、読む側の期待が高まる。

第1章では戦前から戦後にかけての家政学の特徴をたどり、家政学は女子教育の発展とともに必要視されたこと、その他方で、家政学の内実を作る研究が進められたことなどが述べられている。周知のように、戦前期には女子の（旧制）大学入学は制度的に閉ざされていた。戦後大学改革の中では、家政学以外の学問については、男子が学んでいたものを女子にも開放する、いわば「門戸開放」要求を具体化する作業であったが、家政学については「家政学は大学で学ぶに足る学問である」ことを証明しなければならなかったことなどが手際よくまとめられている。

第2章は大学基準や家政学部設置基準の作成過程についての実証的追究である。舞台は女子大学連盟と大学設置基準協議会及びそれらの下部組織ないしは関係する団体である。登場人物は女子大学設立を願う人々、その支援とアドヴァイスを行うCIE担当官、戦前期にエスタブリッシュされていた学問分野の人々である。

女子教育関係者とCIEの担当官との折衝など、女子大学の設置基準の策定過程が豊富な資料を基に詳述されていく。戦後の女子大学設立に「女子大学連盟」が深く関与したことはよく知られているが、本書はさらに歩を進めて、女子大学連盟から家政（学）が排除されていく過程を具体的に述べていく。他方、大学基準を策定する過程では、大学設置基準協議会の下にあった「女子大学分科会」とさらにその下部組織である「家政学小委員会」の発足経緯、各々の委員会での女子大学関係者とCIE担当官とのやり取りをたどり、結局、家政学部の設置はCIE担当官によるアメリカ家政学についての説明、日本女子大学校や東京女子高等師範学校の関係者による説明、説得に依ったことを明らかにする。この議論の中で、家政学関係者の間で「家政学原論」の必要性が認識されるものの、結果として、「『家政学』に関する学問的内容が基準案の作成作業の場において論じられることはなかった」という。学問内容の

検討なしに設置基準が作られたことをどう受け止めればよいであろうか。この疑問に対して著者は、「新制大学発足時に日本の大学が米国の家政学から導入したのは、『大学という場において、『家政学』が一つの学問として存在している』という事実にとどまったと言うことができよう。」と小括する。

　続く第3章では、大学設置基準や家政学部設置基準の策定過程で家政学はどのようなものとして理解されていたのか、当時のキーパーソンであった大橋広を中心に、井上秀などの家政学理解や彼らとCIE担当者との交渉がたどられていく。豊富な資料を基に「家政学設置基準案作成の過程でディシプリンとしての家政学構築の中心的役割を担っていたのは」日本女子大学関係者だったこと、そしてCIEの担当官がオレゴン州立大学の家政学部カリキュラムを基に家政学部の内容を説明し、それが家政学部基準をつくるもとになったことが明かされていく。小括において、著者は家政学が大学レベルの学問であることを既存の学問分野の人々に容認させ、制度化することが先決であり、それが女子大学の創設と女子の大学レベルでの教育機会を広げるための必要条件だった、とまとめる。つまり、アメリカでは認められていても、日本では学問として認められていなかった家政学は、戦前期からの蓄積を基盤にしつつもアメリカ家政学を色濃く反映した家政学部という器が準備されて、そこに収まったのである。実際の家政学部設立にあたっては、既存の学問分野の専門家に頼らざるを得ず、したがって新制大学で展開した家政学はそこに参集した教授陣によって多様な形で展開した。その具体的な内容は続く第4章から第6章において、典型例の大学を取り上げ、設立事情や内容が述べられている。これらの章は読みごたえがあるが、なんといっても本書の中核をなすのは第2章、第3章であろう。

　本書は詳細で豊富な第一次資料による研究であり、信頼感を持って読むことができた。敬意を表明したい。その上で、なぜディシプリンという言葉を使ったのか、考えさせられた。ディシプリンは学問の内容と教育そしてそれらの実現体である制度の三者に関わるが、いまだ「学問」として整序されていなかった当時の家政学を学部ないし学科とする際の「必要事」を表すことばとして用いられたと推察する。本書の特徴と意義はここにあると読んだが、

著者の意図を聞きたいところである。

　女性差別的な男女別学体制の下で生まれ、それゆえ学問的整序がなされていなかった戦前の家政学が戦後の男女の教育機会均等策の下で、男性のものとされていた既存の学と同等に扱われるための苦労も記載されている。大学設置基準の審議過程の議論では、家政学は「女子のための特殊なもの」とみなされ、侮蔑的であったと記されている（第2章）。ところが、当時の家政学関係者もまた家政学について「女性用の教育」という認識をもっていたはずである。同じく女性用教育という認識を持ちながら、両者の言動が全く異なる理由は家政学を学問と認めるか否かの見解の違いであろうが、では当時の家政学関係者の「女性用の教育」という認識の内容は如何様であったか、疑問と興味がさらに深まる。「女性用の教育」には様々な意味が付与可能であるためである。

　本書は家政学関係者だけでなく、教育機会均等の実現を願う人々、女子教育や大学論、学問論に関心を持つ人々に読んでいただきたい好著である。

【注】
（1）日本家政学会は1968年に学会内の研究組織として家政学原論研究会を置き、「家政学とは何か？」に応えるための研究を重ねてきた。戦後の学部設立時に「雑学」扱いされたためであるが、現在でも追究は続いている。
（2）2019年度学校基本調査によると家政学部学生の99.2％、修士課程では83.1％、博士課程では76.6％が女性である。また教員の女性比率も看護学に次いで高い。

年報『現代社会と大学評価』投稿規程

1．投稿資格
　　原則として、当学会会員とする。
2．投稿内容
　　大学評価に関する学術論文（以下論文）、資料、研究ノート、実践報告、レビュー、動向、書評・図書紹介等とし、未発表のものに限る。ただし、口頭発表及びその発表資料はこの限りでない。
3．原稿枚数
　　原則として、論文、資料、研究ノートは18,000字以内（欧文の場合は6,500語以内）、実践報告、レビュー、動向は12,000字以内、書評・図書紹介等は4,000字以内とする。
　　なお、上記の字数には図表、注、参考文献も含まれるものとし、刷り上がりで論文、資料、研究ノートについては34字×29行×22頁以内、実践報告、レビュー、動向については34字×29行×18頁以内、書評・図書紹介等については、34字×29行×6頁以内とする。
4．使用言語
　　審査および印刷の関係上、使用言語は日本語、英語のいずれかとする。
5．執筆要領
　　別に定める執筆要領にしたがうこととする。
6．原稿審査
　　提出された原稿は、特集論文を除き、審査の上掲載の可否を決定する。論文、資料、研究ノートは1編につき編集委員会が依頼する2名の会員により査読審査を行うが、やむを得ない場合は1名まで非会員が査読者になることもある。その他の原稿は編集委員会において閲読審査を行う。尚、審査の過程において、編集委員会より、原稿の修正を求めることがある。
7．その他
　　必要事項については編集委員会において定める。
8．規程の制定と施行
　　本規程は2004年度運営委員会において承認後、運営委員会開催日をもって施行する。改正は、理事会の承認によって行う。第1号（2005年3月刊）については、原則として、本規程案に準じて運用を試行する。
［附則］2011年4月24日改正（3、6、9）
　　　　2012年4月24日改正（7を削除。以下、8以降を繰り上げ）
　　　　2013年11月9日改正（2、3、6）
　　　　2014年11月15日改正（6）
　　　　2016年5月15日改正（2、3）

年報『現代社会と大学評価』執筆要領

1．原稿用紙

　　原稿用紙はA4用紙を使用し、横書きとする。本文については1頁あたり34字×29行とし、タイトルに9行とり、本文は10行目から始め、小見出しには2行とる。注、参考文献については、1頁あたり49字×44行の書式とする。

　　欧文の場合はA4用紙にダブル・スペースで印字する。

2．執筆者名

　　執筆者名は本文とは別の用紙に記し、執筆者の所属（大学の場合は学部・研究科等）、職名を付す。大学院生の場合は課程、学年等を明記する。執筆者の氏名・所属・職名の英語表記を併記する。

3．図・表

　　図、表は本文原稿とは別にし、1枚の用紙に1つだけとし、図1、表1という形でそれぞれの図表に一連番号をつける。また本文中に、それら図表の挿入希望箇所を「表1入る」という形で指示し、それに必要な空欄を設ける（ただし、組みあがりの関係で必ずしも希望どおりにならない場合もある）。

4．章立て

　　見出しには第、章、節等の文字は使用せず、見出し番号は以下に統一する。

はじめに（序、序論など。またなくてもよい）
Ⅰ．
　1．
　(1)
　(2)
　2．
Ⅱ．
Ⅲ．
おわりに（結び、結論など。またなくても）

5．注、参考文献

　　注、参考文献は本文のおわりにまとめ、（1）、（2）の形で通し番号をつける。注、参考文献の表記の形式は①「科学技術情報流通技術基準（SIST2007-02）：参照文献の書き方」、②「J-STAGE推奨基準」（2008）の「5．引用文献の書き方について」に準拠する（これとは別の形式による注記を希望する場合は編集委員会に相談すること）。

6．英文要旨

　　論文・資料・研究ノートには500語程度の英文アブストラクト（要旨）と
　3〜5語／句の英語キーワードを添付する。英文アブストラクトは、執筆
　者の責任において、ネイティブ・チェックを受けるものとする。論文・資
　料・研究ノート以外の原稿は、英文アブストラクトは不要とする。

7．投稿原稿は本文、図表等はすべて白黒で作成する。

8．原稿提出方法

　　原稿はワードプロセッサーにより作成し、論文、資料、研究ノートの執
　筆者は原稿を3部、特集論文及びその他の投稿の執筆者は原稿を2部、テ
　キストファイル形式（ワード、エクセルも可）で保存したメディア（CD、
　USBフラッシュメモリなど）とともに編集委員会に提出すること。

9．校正

　　執筆者による校正は2校までとする。

10．原稿提出期日と刊行期日

　　論文等の投稿については、毎年7月末日までに下記「11.原稿送付先・問
　い合わせ先」に郵送もしくはFax、電子メールのいずれかの方法で投稿の
　意思を表示する（書式は問わない）。査読審査を行う論文・資料・研究ノー
　トの原稿提出期日は、9月末日とする。その他の原稿は随時受け付けるが、
　原則として11月末日までに提出されたものを次に刊行される年報に掲載
　するものとする。なお、提出された原稿等は一切返却しないので、必ず写
　しを取っておくこと。刊行期日は原則として7月とする。

11．原稿送付先・問い合わせ先

　　大学評価学会年報編集委員会
　　　Email：info[at]unive.jp
　　　※メール送信の場合には[at]を＠に置き換えてください。

［附則］2011年4月24日改正（2、6、7、9、10)
　　　　2012年5月18日改正（10)
　　　　2013年11月9日改正（6、9）
　　　　2015年11月15日改正（7を追加。以下、番号を繰り下げ）
　　　　2016年5月15日改正（1、3、5、6、10)

編集後記

■大学評価学会年報『現代社会と大学評価』第17号を無事刊行することができました。執筆者ならびに第7期・第8期編集委員の皆様に厚く御礼申し上げます。

　昨年度に引き続きCOVID-19（新型コロナウイルス）感染の影響が続き、大学評価学会第18回大会は初めてのオンライン開催となりましたが、本号には対面で大会が行われた一昨年度までと同様、大会シンポジウム、課題研究を含む大会の概要を掲載しました。

　また、大阪市立大学名誉教授で本学会顧問の細井克彦先生に「戦後大学行政の政策と組織に関する考察　―学問の自由・大学の自治の観点から―」と題する特別寄稿論文をご執筆いただいたほか、研究ノート、動向、書評各1報と2号ぶりに充実した内容の年報をお送りできたものと思います。

　次号以降において投稿論文の掲載がますます増えますよう、会員のみなさまには奮ってご投稿ください。

（文責　日永龍彦）

大学評価学会年報編集委員会（第17号）

委 員 長：水谷　勇（神戸学院大学）
委　　　員：石渡尊子（桜美林大学）、川地亜弥子（神戸大学）、
　　　　　　谷川弘治（神戸松蔭女子学院大学）、村上孝弘（龍谷大学）
編集幹事：日永龍彦（山梨大学）
連 絡 先：E-mail：info[at]unive.jp
　　　　　　※メール送信の場合には[at]を＠に置き換えてください。

「大学評価宣言＝もう一つの『大学評価』宣言」「大学評価学会設立趣意書」
「大学評価学会規約」「年報『現代社会と大学評価』投稿規定・執筆要領」等は
学会ホームページに掲載しています。
大学評価学会HP：http://www.unive.jp/

大学評価学会年報『現代社会と大学評価』

大学評価学会年報編集委員会　編

シリーズ「大学評価を考える」

＊インターネットや書店で購入できない場合は、いずれも学会事務局までお問い合わせ下さい。（事務局に在庫のある場合もあります）

大学評価学会年報『現代社会と大学評価』第17号

大学教育とコロナ危機

2021年7月30日　発行　　定価 本体1,500円（税別）

編　集　　大学評価学会年報編集委員会

発　行　　大学評価学会

発　売　　株式会社　晃洋書房

　　　　　郵便番号　615-0026 京都市右京区西院北矢掛町7

　　　　　電　話　075(312)0788　ＦＡＸ　075(312)7447

　　　　　振替口座　01040-6-32280

印刷・製本　株式会社こだま印刷所

ISBN　978-4-7710-3544-7